シニアよ、インターネットでつながろう！

牧　壮
一般社団法人アイオーシニアズジャパン代表理事

はじめに

私は２０１８年現在、82歳のシニアです。後期高齢者の仲間に入れられ、すでに7年たちました。現在、日本人男性の平気寿命が81・1歳ですから、ちょうど平均寿命まで生きたことになります。

しかし私が社会人の仲間入りをした１９６０年（昭和35年）当時の男性の平均寿命は65歳でした。当時は、一般の企業の定年は55歳でしたから、我々世代の人生計画は、55歳まで働いて退職金をもらい、そのお金でその後の10年を楽しめばいいというものでした。

ところが平均寿命は、いつのまにか65歳を超えて今や81歳と伸び、それとともに人生計画がまったく狂うことになってしまいました。そしてさらに、人生１００歳時代といわれるまでになりました。私もまだまだ長生きしそうです。

そんな私は、２０１７年12月に起業しました。81歳での起業です。「すべてのシニアをインターネットでつなぐ」という理念で「一般社団法人アイオーシニアズジャパン」を立ち上げました。「Internet of Seniors®」（略称ＩｏＳ）を世界に広めるためです。

「ＩｏＳ」という言葉をはじめて聞くという人も多いと思いますが、それは当然のことです。私がつくった、まったく新しい言葉だからです。日本語にすると「シニアのインターネット」という意味で、「すべてのシニアをインターネットでつなぎたい」という思いを込めてつくりました。

みなさんは、「ＩｏＴ」という言葉は、新聞やテレビで見たり聞いたりしたことがあるのではないでしょうか？

ＩｏＴは「Internet of Things」の略で、「すべてのモノをインターネットでつなぐ」ということです。「モノ」と「モノ」をインターネットにつなぐことで、それまでになかった情報の交換ができるようになり、新しい付加価値を持った技術や製品、サービスなどが生まれています。

例えば、工場のラインをインターネットにつないで制御したり、身近なところでは、テレビやエアコンなどの電化製品を外出先からスマートフォンでコントロールできたりします。開発が進められている自動運転システムも、自動車をインターネットにつないでコントロールするもので、ＩｏＴのひとつです。


それに対して「ＩｏＳ」は、「社会の中でばらばらに存在していた『シニア』と『シニア』をインターネットでつなぐ」ということです。

シニアはそれぞれ経験や知識を持っていますから、シニアとシニアがつながって情報を交換できるようになれば、新しい価値が生まれます。そこに新しいシニア社会が生まれ、そこにつながったシニアたちにも新しい世界が開けてきます。

ただし、シニアがつながるためには、シニア自身が自らインターネットにつながることが必要です。

私はリタイアしてもうじき20年になりますが、北は北海道から南は沖縄・石垣島まで、Ｆａｃｅｂｏｏｋでつながっているシニア仲間がいます。普段はネット上での交流ですが、ときにはリアルの世界で食事会や飲み会で会うこともあります。シニアの世界は年とともに狭くなっていくといわれますが、インターネットはシニアの世界を大きく広げてくれます。

私は、まだインターネットにつながっていないシニアのみなさんにも、ぜひインターネットの楽しさを味わってもらいたいと思っています。

この本は、まだインターネットにつながっていないシニア、つながりたいけれど躊躇しているシニアのみなさんがＩｏＳの世界に足を踏み入れるための指南書にしてほしいという思いで書きました。

私のこれまでの経験と知識が、みなさんのお役に立てば望外の喜びです。

牧　壮

もくじ

第４章 実際にインターネットを使ってみましょう

第1章

シニアにこそインターネットが役立ちます

私は海外でシニアインターネットライフを始めました

始めに、私自身の「シニアインターネットライフ」をお話ししたいと思います。

私がフルタイムジョブをリタイアしたのは2000年です。63歳のときでした。

当時、「これから日本の社会は高齢化が進む。それに備えて何かしらの準備を」といわれていましたが、こんなに早く超高齢化社会になるとは誰も想像していませんでした。

日本は健康保険を始め社会保険が充実していますし、老後は社会がサポートしてくれるという安心感がありました。ちょうど2000年には介護保険制度が始まり、この制度があれば介護が必要になっても家族の労力や費用負担に悩むことなくサポートしてもらえると思っていたのです。

私は**「将来的に社会はますます高齢化社会になる」**、その一方で**「情報技術が急**

速に進歩するであろう」と考えました。そこで、**この2つの流れにシニアがどう対処できるか自ら実験台になってみよう**と思い立ちました。

「インターネットにさえつながっていれば日本にいる必要はない」「まだ体力も気力もあるうちに、日本では経験できない生活を楽しみつつ、ネットを通じて仕事ができないかトライしてみよう」と思ったのです。

私は、パソコン2台を抱えて日本を脱出、マレーシアのペナン島に移りました。当時、リタイア後に海外に住むという人はまだあまりいませんでした。友人や仲間はみんな「どうしてわざわざ海外に住むの?」「ペナンへ行って何をするの?」「奥さんも一緒に行くの?」などなど、けげんそうな顔で聞いてきました。

なかでも一番多く聞かれたのは「なぜマレーシアを選んだのか?」ということでした。当時、シニアに一番人気の高い海外はハワイだったからです。

私がペナンを選んだ理由は3つありました。

1つは「住んで安全かどうか」ということです。リタイア後の海外生活は、会社時代のように企業からのサポートは一切なく、すべてが自己責任だからです。

2つめは「言葉」です。やはり英語が通じないと、何かあったときに困るからです。マレーシアは英国の旧植民地で、マレー語とともに英語が公用語として使われています。

3つめは「宗教」です。マレーシアはイスラム教が国の宗教なので、周りのみんなから心配されました。しかしながら、マレーシアの人口の2割は中国からの華僑で、1割はインド系です。そのため、仏教やヒンズー教、キリスト教が共存していて、争ったりすることがない場所だったのです。

現地に行ってみると、今度は現地の人たちからいろいろな質問を受けました。まず聞かれたのは「あなたはどこの会社の人ですか?」ということでした。当時、ペナンには約130社の日本の企業が進出していたのです。ですから新しい日本人を見ると、まず「どこの会社の人か?」と聞くのです。

私が「いや、私はもうリタイアして、ここに住みに来たのです」というと、最初は信じてもらえず、現地の人たちからもけげんそうな顔をされたのでした。

海外でも順調に仕事ができたのはインターネットのおかげ

そういった経緯で、私はペナンでロングステイでの仕事をスタートしました。

私の狙いは**「インターネットを使っての新しいシニアビジネスへの挑戦」**だったので、当時としての最新の技術をつねに試行していきました。

ビジネスのツールは、インターネットとパソコンです。部下なし、秘書なしです。当時は、今と違って電話回線を使ったネット通信がメインだったので、もっぱらメールでやりとりをしていました。

それでも、「いつでも世界とつながることができる」というのは大きなメリットでした。日本のみならずアメリカ、ヨーロッパの顧客ともインターネットを通じて順調にビジネスを進めることができました。

私は、個人事業主として、現役時代の経験を活かしながら、主に製造業の中小企業のＩＴ活用指導やシニアの起業支援をおこなっていました。その中に海外での経験も取り入れ、グローバル展開のサポートも入れました。

インターネットでの仕事はどこにいても時空間ゼロでの仕事が可能なのです。

順調な私を見て、「いったいペナンでどんな生活をしているのか？」といった質問もたくさん受けました。私は、午前中はゴルフを9ホール楽しみ、そのあとコンドミニアムのプールで体を冷やして、午後にインターネットを使って仕事といった生活を送っていました。

そんな生活でしたが、インターネット上で世界から集まるたくさんの人たちと友だちになり、シニアの友だちもたくさんできました。

当時、仕事のやり方のひとつとして、家でインターネットを使って仕事をすることが提唱され、「SOHO（Small Office Home Office）」と呼ばれていました。

私は、海外でインターネットを使って仕事をしていたので、それを「MORO（My Office Resort Office）」と呼ぶことにしました。海外での今までとは異なった環境を楽しみながら、そこをオフィスにしての仕事というわけです。

インターネットをベースとしたビジネスの社会は、**それまでの縦社会ではなく、完全に横社会**といえます。ですから、インターネットをうまく使えることがビジネスにおいて必須となります。

私はペナンでMOROを実践しているあいだに世界のいろいろな企業と接してきましたが、日本企業のビジネスのスピードが他にくらべて遅いということも強く実感させられました。

私はペナンのMOROライフで、「インターネットを駆使すること」、そして「ビジネス展開をいかにスピーディーにするか」を主眼にしていました。13年ものあいだ、海外中心の新しいスタイルでシニアビジネスを順調に展開することができたのは、インターネットという社会インフラの発展のおかげなのです。

日野原重明先生も100歳でSNSにチャレンジしたのです

当初は2～3年と考えていたペナンでのMOROライフですが、結局13年続けることになり、2011年、75歳のとき日本に戻ってきました。

そのとき日本は、東日本大震災による津波と原子力発電所の被害での混乱の真っただ中で、ペナンの現地の友人から「なぜこんなときに日本へ戻るの?」聞かれたものです。しかし、日本では75歳から後期高齢者になるため、海外生活にいちおう終止符を打つことにしたのです。

戻ってきた日本は、高齢社会どころか超高齢社会といえる状態になっていました。

私がペナンでMOROライフを送っていた13年の間に、インターネットのスピードやパソコンの性能は驚くほどアップしました。また、たくさんのビジネスアプリも生まれ、インターネットを通じての仕事の幅も格段に広がりました。

社会インフラの基盤はインターネットになっていたのです。電話回線ではなく光通信のシステムが家庭に入り、高速のネットワークがリーズナブルに使用できるようになっていて、ビジネスだけでなく一般社会生活の中でもインターネットの活用が進んでいました。

日本は、**超高齢社会とともに、完全に情報化社会**になっていたのです。

帰国して間もないころ、紹介を受けて、当時100歳で現役の医師だった聖路加病院理事長の日野原重明先生にお会いすることになりました。

それは、日野原先生から「SNSというのがあるが、それはどういうものか？」

という質問を受け、その説明のためでした。

日野原先生は90歳のとき、75歳以上を新しいシニア「新老人」と定義して、全国1万2千人の会員を擁する「新老人の会」を組織されていました。

私はｉＰａｄを持参し、日野原先生と九州の新老人の会のメンバーをＦａｃｅｂｏｏｋでつなぎ、お互いに直接顔を見ながらテレビ電話で話をしてもらいました。

そして、「これが世界中のインターネットでつながっている者同士が、いつでもどこからでも交流できるということなのです」とお伝えしました。

日野原先生はとても興味を持たれ、さっそくＦａｃｅｂｏｏｋを始めることになりました。そしてそれは、当時、平均年齢71歳だった「新老人の会」の会員がＳＮＳでコミュニケーションをとるという前代未聞のチャレンジでもありました。

日野原先生は、毎朝Ｆａｃｅｂｏｏｋ上で「今日の一言」というメッセージを発信することになりました。

日野原先生はそれまでワープロもパソコンも使ったことがなかったのですが、タブレットＰＣであるｉＰａｄに挑戦してもらうことにして、音声による文字入力にチャレンジしてもらうことにしました。

「おはようございます、日野原重明です」と自分の声で入力してもらうと、それはほぼ完全に文字に変換され、それを見てとても驚かれていました。

さっそくｉＰａｄを購入しようとされた日野原先生は、インターネットプロバイダでｉＰａｄの登録手続きをすべく申し込みフォームに個人情報の入力を始めたのですが、年齢欄が2桁しかなく、１００歳の3桁の数字を入力することができず購入手続きができないという予想外の事態に見舞われました。その申し込みフォームをつくった人は１００歳以上の人が登録するとは想定していなかったのでしょう。

１００歳の日野原先生がインターネットでＳＮＳを始めたことは、多くの「新老人の会」の会員に大きな驚きを与えました。そのメッセージを見るため、「新老人の会」

の会員のあいだでパソコンやスマートフォン、タブレットPCが使われるようになり、ＳＮＳであるＦａｃｅｂｏｏｋへのアクセスも広がっていきました。

それとともに、今まで多くの人が抱いていた「シニアがインターネットを使うなんて無理」という偏見を覆したため、新聞などでも大きく報じられました。１００歳が始めたＳＮＳは、さまざまな意味で社会的インパクトをもたらしたのです。

私の主催するｉＰａｄとＦａｃｅｂｏｏｋの勉強会にも、80代、90代の「新老人の会」会員が参加されるようになりました。

その一方で、ＳＮＳを使おうとするシニアの家族から心配の声も上がってきました。「インターネットは危ない、怖い」「何かだまされるのではないか?」といったことです。

そこで私は、シニアが安心・安全に使えるＳＮＳのシステムをめざし、技術に強い若手にサポートしてもらう「スマートシニアアソシエーション（ＳＳＡ）」を立ち上げました。おかげでシニア中心の約５００人がＦａｃｅｂｏｏｋでつながる全国組織ができあがり、約6年間ほとんど問題なく運営できています。

あなた自身のシニアライフを振り返ってみてください

ところで、あなたのシニアライフはどうでしょうか？

この1週間を振り返ってみてください。

「どこかに出かけましたか？」

「誰かと約束をして、会いましたか？」

「今まで見たり聞いたりしたことがない新しい発見はありましたか？」

このすべてが当てはまる日があればとても充実した日といえますが、そんな日が毎日続くということはないでしょう。しかし、1週間で1つもなかったとしたらそれは問題です。

人は社会の中で生きています。社会との接点がまったくなくなってしまったら、健やかな人生を送っているとはいえません。

「あなたはこの1カ月に新しい友人が何人できましたか？」

とくにシニア男性のみなさん、どうでしょうか？

リタイア後、飲み友だちやゴルフ仲間が少なくなり、昔の友人が減るのは仕方ないとしても、新しい友人はできていますか？　もし最近何カ月もの間、新しい友だちができていないとしたら、これも問題です。

とはいえ、「新しい友だちをつくりたいが、どうやったら出会えるのかわからない」という人も、きっと多いと思います。

私は、インターネットを活用しています。

私もリタイアしてもうじき20年になり、たくさんいた同期の仲間とのゴルフコンペはなくなり、夜の飲み会もめっきり減りました。でも、この20年のあいだ、社会的活動をインターネットでしているおかげで、Ｆａｃｅｂｏｏｋでたくさんの日本中のシニア仲間たちとつながっています。

話題は、各地の季節の話から、最新の３６０度カメラの活用の仕方についてまで、写真や動画、さらにテレビ会議も活用して毎日交流しています。ベンチャービジネスをやっている若い人たちとも、新しいビジネスの話を進めています。

本当にたくさんの情報を交換しています。**世代を越えての交流**です。ネット仲間には若年性アルツハイマーのシニアも含まれています。ちなみに、今参加しているゴルフコンペは、ネットでつながった、私より若いシニア仲間です。私からシニア目線でのビジネスアイディアを提供することもあります。

よく「牧さんの若さの秘密は何ですか？」と聞かれるのですが、私は「いつも若い人たちからエネルギーをもらっているのです」と答えています。

一般的に「シニアの行動範囲は自宅の周辺半径５００ｍ」などといわれますが、

私の活動範囲は半径５０００km以上。そこにたくさんの仲間たちがいるのです。普段はネット上での交流ですが、ときには食事会や飲み会を開いて実際に会うこともあります。

でも、もしインターネットがなかったら、私もこんなふうに世界を広げることはできなかっただろうと思わずにはいられません。年齢とともに狭くなっていく**シニアの世界を大きく広げるために、インターネットはとても有効なツール**だと実感しています。

日本はシニアの情報通信技術活用が先進国の中でもっとも低いといわれています。だからこそ、ぜひもっとインターネットを活用して、たくさんのシニアに新しい仲間とつながってほしいと思っているのです。

あなたのＩＴ知識レベルをチェックしてみましょう

新聞やテレビなどでよく出てくる情報通信技術（ＩＴ）についての言葉をあなたはどれくらい知っているでしょうか？

下の表でチェックし、合計点を出してみてください。

	よく理解している（5点）	聞いたことあるが理解はしていない（3点）	まったく知らない（0点）
ICT			
IoT			
O2O			
ウェアラブル端末			
ドローン			
SNS			
AI			
VR			
CCRC			
クラウドファンディング			
360度カメラ			
AIスピーカー			
ビッグデータ			

合計点からあなたのレベルを見てみましょう。
50点以上：ＩＴの知識が高め
30～49点：ＩＴの知識はまずまずです
20～30点：もう少し知っておきましょう
20点未満：ＩＴの知識が不足ぎみです

あなたのＩＴ知識はどれくらいのレベルでしたか？　すべてを完璧に知っていなければいけないということではありませんが、これまで自分がどれくらいＩＴに興味を持っていたかがわかったと思います。

それぞれの言葉の簡単な解説を載せておきます。頭に入れておくと、ニュースなどでこの言葉を聞いたとき、きっと理解度が深まりますよ。

ＩＣＴ…Information and Communication Technology の略称で、「情報通信技術」をさします。よく使われているＩＴ（Information Technology）とほぼ同じ意味です。ただ、ＩＣＴには「Ｃ（Communication）」が入っているため、コンピュータ技術そのものをＩＴ、コンピュータ技術の活用に関することをＩＣＴと区別することもあります。国際的にはＩＴではなくＩＣＴが使われていて、日本でもＩＣＴが定着しつつあります。

ＩｏＴ…Internet of Things の略称で、「モノのインターネット」という意味。あらゆるモノが通信機能を持ってネットワークにつながり、データをやり取りしたり、自動制御をおこなったりします。

O2O…Online to Offline の略称。ウェブサイト（オンライン）から実店舗（オフライン）へ誘導し、商品の購買に結びつけるマーケティング手法のこと。オンラインでの割引クーポンの発行やクチコミサイトの設置なども含まれます。

ウェアラブル端末…おもに衣服や腕時計のように身につけることができる情報端末の総称。単に持ち運べるスマホやノートパソコンなどは含まれません。

ドローン…遠隔操作や自動制御によって無人で飛行できる航空機の総称。人間が簡単に行けない場所の空撮などで普及が進んでいます。荷物の配送システムに用いる研究も進められています。

SNS…Social Networking Service の略称で、インターネット上で個人間の交流ができるサービスのこと。「**Facebook**（フェイスブック）」「**Instagram**（インスタグラム）」「**LINE**（ライン）」などが代表的です。誰でも参加できるものと、友人からの紹介がないと参加できないものがあります。

ＡＩ…Artificial Intelligenceの略称。日本語では「人工知能」といいます。記憶や推論、学習など人間の知的機能をコンピュータ上で実現する、さまざまな技術やソフトウェアやシステム。

ＶＲ…Virtual Realityの略称で、「仮想現実」という意味。ＣＧ（コンピュータグラフィックス）などを使って実際には存在しない空間をつくり出す技術のことで、その中でいろいろなことを疑似体験できます。

ＣＣＲＣ…Continuing Care Retirement Communityの略称で、「継続的なケアを提供する高齢者向けコミュニティ」という意味。高齢者が健康なうちに入居し、活動的に生活しながら、必要に応じて介護や医療のサービスを受け、人生の最期までを過ごす生活共同体。

クラウドファンディング…「こんなモノを作りたい」「こういうことをやりたい」といったアイディアやプロジェクトを持つ人が、インターネットサイトを通じて不特定多数の賛同者から資金を調達する方法。

３６０度カメラ…上下左右の全方位を一度に撮影できるカメラのこと。「全天球カメラ」「全方位カメラ」とも呼ばれます。撮影した画像や動画を見るには専用のビューワーが必要ですが、ＦａｃｅｂｏｏｋやＬＩＮＥなどでは特別な設定なしに表示できます。

ＡＩスピーカー…ＡＩ（人工知能）を搭載した据え置き型のスピーカーの総称。ネット接続機能と音声アシスタント機能をあわせ持ち、会話をするように操作して、天気や予定を調べたり、音楽を再生したりすることができます。

ビッグデータ…インターネットやＩＴ技術の進化によって集められた、テキスト形式、画像、音声など多様で巨大なデータのこと。データを分析しマーケティングなどに活用されます。例えば、ショッピングサイトで購入履歴や閲覧履歴をもとにおすすめ商品が表示されるのもこのシステムによる施策のひとつです。

ちなみに、ＩＴ用語ではありませんが、**「フレイル」**という言葉は知っていますか？

「フレイル」は、２０１４年5月に日本老年医学会が定義した言葉で、海外の老年医学の分野で使用されている「Ｆｒａｉｌｔｙ（フレイルティ）」に対する日本語訳です。

「Ｆｒａｉｌｔｙ」は直訳すると「虚弱」「老衰」「脆弱」といった意味です。しかし、高齢者に起こりやすいＦｒａｉｌｔｙは、早めに発見し、正しくケアすれば生活機能の維持・向上をはかることができると考えられています。そこで、日本老年医学会は、単なる虚弱や老衰とは違うという意味を強調するために新しい言葉「フレイル」と表すことにしたのです。健康寿命と平均寿命の間（約10年）がフレイルといわれる期間です。

ＩＴ用語ではなく医学用語ですが、最近、老齢化に関する記述の中でよく使われ、定着してきたので、ぜひ知っておいてください。

ＩＴを仕事で使っていた人も定年後は要注意

「自分は仕事でパソコンをバリバリ使っていたから、リタイア後も家でパソコンを使うのに困ることはない」という人も少なくないと思います。60歳代など若いシニアはとくにそうではないでしょうか？

そもそも、現役時代に仕事でパソコンを使っていた現在の60歳代は、現役時代にまだほとんどパソコンが普及していなかった70歳以上のシニアたちとはパソコンに対するなじみ方が違います。

実際のシニアたちのパソコンやタブレットなどの情報端末の利用状況を調べてみると、60歳代と70歳代のあいだに大きな差が見られます。現役時代にパソコンを使っていた60歳代は、リタイア後もパソコンに対する違和感は少ないといえます。

しかし、実際のところ、60歳代であっても、リタイア後にパソコンを使おうとしたとき、自分でセットアップしたり、管理したりすることに戸惑う人が少なくありません。

どうしてそうなってしまうのか？　その最大の理由は、会社で使っていたパソコンは会社が管理してくれていたからです。

職場のパソコンには与えられた業務に必要なアプリケーションがあらかじめインストールされ、セキュリティ管理も専門のスタッフがおこなってくれていたはずです。自分がおこなう業務はデータの入力や必要な情報のやりとりが中心、ということになるので、限られたアプリケーションしか使ったことがないのではないでしょうか？　インターネットの使い方も、会社が定めたセキュリティ管理の範囲内に限られていたはずです。

すなわち、パソコンの使用環境に関して「無頓着でも許される」という状態だったわけです。

年齢階層別インターネット利用機器の状況（個人）

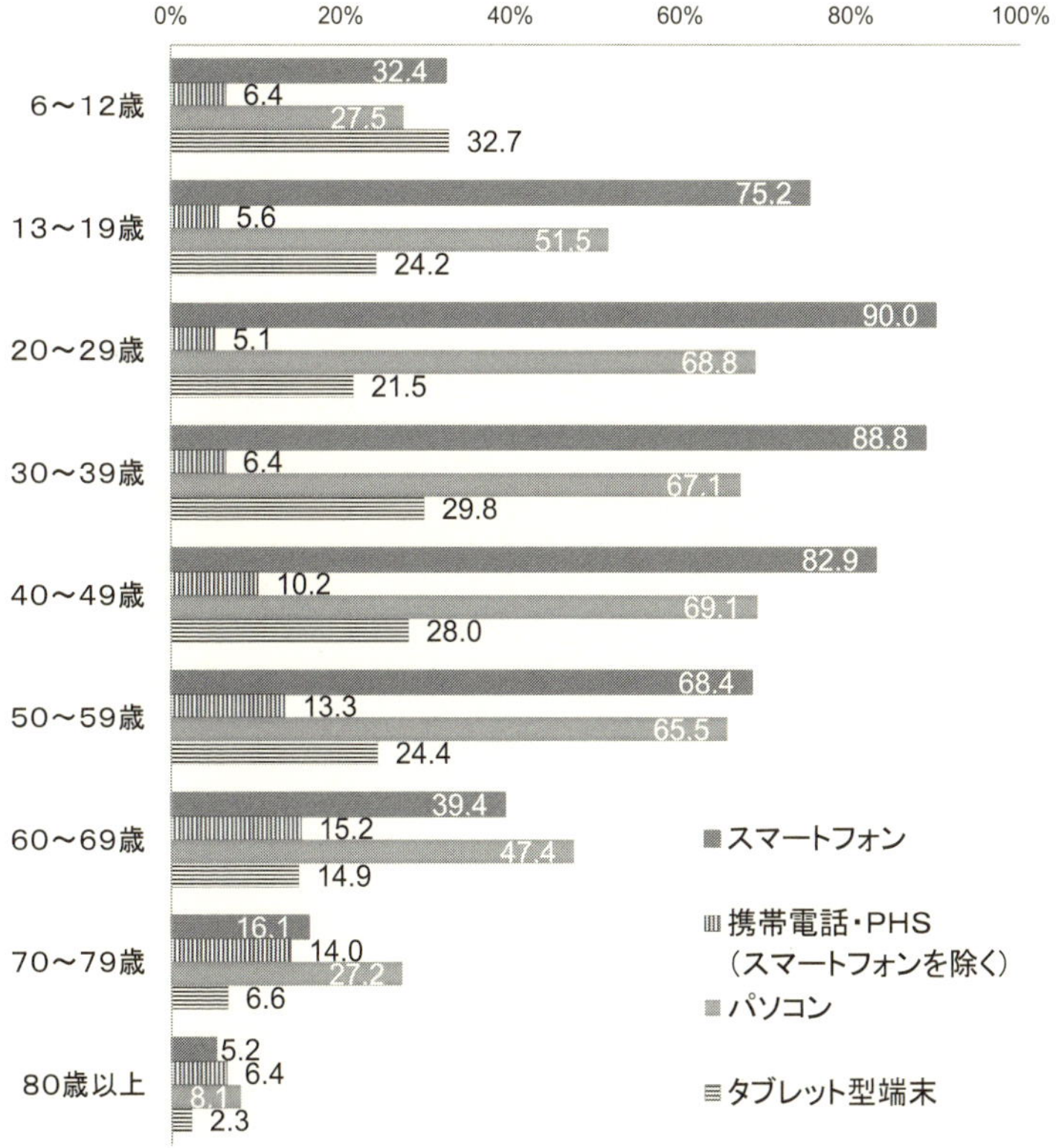

※インターネットに接続できるテレビ、家庭用ゲーム機、その他の機器を除く。
総務省「平成29年通信利用動向調査」

最近は、パソコンよりｉＰａｄなどのタブレットを購入する人が増えています。立ち上げも比較的簡単になってはいるのですが、**かなり多くの人が購入したときの標準設定（デフォルト）のまま使っている**のではないかと思います。

ＯＳ（ｉＰｈｏｎｅの「ｉＯＳ」やアンドロイド端末の「Ａｎｄｒｏｉｄ」など。スマートフォンやタブレットなどを動かすための基本となるソフトウェア）も頻繁にアップデートされていますが、一度も更新しないで使っている人もときどき見かけます。

また、ｉＰａｄなどのタブレットは、使い方や目的に合わせて設定をいろいろ変えられるようになっていますが、変更するやり方がわからずに、「使えない」「使いづらい」と思っている人も多いのではないでしょうか？

70歳代の情報機器の利用がぐっと減ってしまうのは、もともと情報機器になじみが薄いということと同時に、迷ったときにちょっと相談できる仲間が近くにいないということも原因になっているのかもしれません。

なぜシニアはデジタルに弱いのでしょうか？

コンピュータやインターネットなどの情報技術（ＩＴ）を使いこなすことができる人と、そうでない人のあいだに生じる格差のことをデジタルデバイド（情報格差）といいます。デジタルに弱いシニアは**「デジタルデバイデッドシニア」**ですね。

どうしてシニアがデジタルデバイドになってしまうのか、考えてみましょう。私は４つの要因があると考えています。

①先入観

シニア自身がＩＴに対して「もう歳だから、新しい技術は無理」と考えがちだということです。それと同時に、周りが「シニアには無理」という先入観を抱きがちということでもあります。

パソコンが本格的に一般社会に入ってきたのはＷｉｎｄｏｗｓ95からといわれています。今から20年ほど前のことです。

今70歳の人は、50歳のころにパソコンに出合ったことになります。新しいものに挑戦しなければいけないのですから、まさに「50の手習い」といえます。パソコンになかなかなじめない人も多かったでしょうし、自分に必要なアプリケーションしか使ったことがない人も多かったと思います。仕方のないことです。

そういう背景もあって、多くのシニアがパソコンを始めることに「もう歳だから無理」「最新の情報機器なんか使えない」という思いを抱きがちなのです。

しかし私は、それは思い込みであって、単なる偏見だと思っています。

とくに、ここ数年で情報機器は、携帯電話はガラケーからスマホに代わり、入力操作はキーボードからタッチ画面へ、そして音声でもできるようになりました。技術に弱かったり、キーボード操作が苦手だったりするシニアにも、以前より簡単に使えるようになっています。

ですから「もう歳だから無理」なんていう言葉は、言い訳にしかなりません。**どんどん使いやすく進化している最新の機器こそシニア向け**なのです。

②最初のとっかかりがつかめないこと

「パソコンは使ったことがあるけれど、もっとインターネットを楽しみたい」「ＬＩＮＥやＦａｃｅｂｏｏｋで友だちと交流を楽しみたい」というシニアの多くから、「どうやって始めたらいいかわからない」という相談を受けます。

気楽に相談できる人が身近にいればいいのですが、「『こんなことも知らないの？』といわれたりしたら恥ずかしい」などと考えて気後れをして、はじめの一歩を踏み出せないという人が多いのです。

周りに相談できる人がいない場合、パソコンショップやスマホなど通信機器販売店の店頭に聞きに行くことが多いのではないでしょうか?

店員さんたちは親切に教えてくれます。しかしながら、店員さんたちが説明の際に使う用語がシニアにわかりづらいのが問題です。聞きなれないカタカナ用語も多く、知らない外国語を聞いているような気分にもなってしまいます。

それ以前に、シニアの私たち自身が「何がわからないのか」を店員さんにうまく説明できないという問題もあります。「店員さんに理解してもらえず、結局そのまま家に帰ってきてしまった」という話もよく耳にします。

そういう人に私がおすすめしたいのは、**地域に密着したサークル活動など**です。パソコン、スマホ、タブレットなどの「勉強会」「同好会」「サロン」など名称はいろいろあるようですが、数人から十数人という規模で開かれています。

ただ、残念ながら数はまだ多くありません。また、リーダー的存在の人がいなかったり、同様のグループ同士の連携や情報交換がなく限られた活動しかしていなかったりするなど課題もあります。でも、シニアの助けになることは確かです。あなたの周りにそういったグループがないか探してみてください。

最近の技術の進歩はとても速く、その進歩についていけている人は多くありません。じつは、わかっていないのはシニアだけではないのです。

ですから、「知らないことばかり」でも、何も焦ることはありません。遠慮はいりません。わからないことはどんどん聞きましょう。そして、教えてくれない人に怖気づくことはありません。じょうずに教えてくれる人を探しましょう。

③途中の挫折

「周りにサポートしてくれる人はいないけれど、一人で頑張ってみよう」とチャレンジするシニアもたくさんいます。

ただ、そういうシニアたちも、あるところまではなんとかできても、そこから先に進もうとすると壁にぶつかってしまうということになりがちです。そして、その時点で「やっぱりダメか」と挫折してしまうことになるのです。

自分では解決できなくても、ちょっとしたヒントを教えてもらうことで意外に簡単に解決できることがあります。

大切なのは、教えてもらえる人を見つけられるかどうかということです。

専門店で教えてもらったり、インターネットで調べたりというのも大きな解決方法になります。

可能であれば、②で紹介したようなサークルなどに参加してみるのもおすすめです。シニアのＩＴに対する理解レベルには大きな個人差がありますが、詳しいシニアから教えてもらうことができるでしょう。また、あまり知らないシニアに教えてあげることも自分の勉強になります。

シニアのＩＴの楽しみは、知識や技術を高めることばかりではありません。教え合ったり、情報交換をしたりして、楽しむことがもっと大切なのです。

④身内の言葉

シニアは、何事においても一番身近にいる家族や友人の言葉に大きく影響を受けがちではないでしょうか？

パソコンやスマホについても、「身近な人からのひと言で挫折した」という話をよく聞きます。

シニアは、新しいことは1回の説明では覚えられないものです。ちょっとしたことを何回も聞くことになります。

そうすると、親しい相手であっても、最初は優しく対応してくれても、同じ質問を何度もすることで「このあいだも教えたでしょ？　もう忘れたの？」といわれる結果になります。

このひと言は、シニアにとっていわれたくない禁句です。このひと言を聞くと「やはり自分には無理なのか?」と落ち込んでしまいます。やる気もすっかり失せてしまいます。

でも、シニアなんだから仕方ないんです。

もちろん覚える努力をすることは必要です。でも、落ち込むことはありません。「なかなか覚えられなくて」とちょっと開き直って、前向きにチャレンジを続けていきましょう。

第2章

もうシニアたちは
つながって
楽しんでいます

インターネットで孤立を解消し、友だちを増やす

シニアがインターネットを使うことの最大の効果は**「孤立」と「孤独」からの脱却**です。

たいていの人は年齢とともに足腰が弱くなり、外出の機会が減り、人との出会いやおしゃべりする機会が少なくなっていきます。こういったことが孤独なシニアライフの第一歩になるのではないでしょうか？　子どもたちが独立して核家族となり、さらに伴侶を失えば完全に孤独になってしまいます。都心のマンションには一人暮らしのシニアが増えています。地方でも過疎化が進み、孤独なシニアが増えていると報じられています。

行政などによって「シニアの見守りネットワーク」が提唱されていますが、私は**シニア自身によるインターネット活用こそが最大の「シニアの見守り」**になると考

えています。

インターネットを使えば、家にいながらにして、いつでも友人や家族とつながることができます。新しい知識も得ることができて、自分から情報を発信することもできます。

私自身、数日も情報を発信しないと、友人から「どうかした？」「元気？」とチェックが入ります。そんなふうにつねに誰かに見守られています。それが私にとっての最大の安心なのです。

さすがに、私のように80歳過ぎのシニアでは、まだまだインターネットを使って活発に活動している人はそう多くありません。

でも、中には私より高齢でインターネットを活用して活動している**「ＩｏＳレジエンド」**といえるシニアたちもいます。

そんなＩｏＳレジェンドたちを紹介したいと思います。

Ｆａｃｅｂｏｏｋ勉強会＆懇談会を開いている佐々木朝雄さん

佐々木さんは１９２６年生まれの92歳。65歳で現役を退職し、現在はサービス付き高齢者向け住宅に住みながら、Ｆａｃｅｂｏｏｋでたくさんの人と交流している他、パソコン教室も開講しています。３年前からはタブレットも活用されています。

Ｆａｃｅｂｏｏｋには、自ら撮影したさまざまな四季折々の写真をアップされています。それを見た友人や知人から、たくさんの「いいね」や「コメント」が送られてくるので、それを励みにまた撮影に出かけるのだそうです。

パソコン教室は週1回開かれていて、文書作成ソフトのＷｏｒｄと表計算ソフトのＥｘｃｅｌを教え、インターネットの勉強会もされています。その場で教えるだけでなく、事前の準備としてテキスト作りも自身で手がけられているというのが驚きです。

この他に、かつての同僚たち仲間10人と、Ｆａｃｅｂｏｏｋ勉強会と懇親会も開いて交流を深めているそうです。午前中に勉強、午後は寿司店で懇親会と、仲間との絆を深めながら楽しんでいるのだとか。

佐々木さんに元気の秘訣を聞いてみると「2つあります」と答えてくれました。それは「カラダと頭の運動」だそうです。

佐々木さんは「毎朝４時45分に起きて、部屋の中で健康運動（肩の上下運動６５０回、健康棒で全身を約50回たたき、健康たわしで全身を30回ほど乾布摩擦）をします。そのあと5時20分から約１時間散歩します。午後にも散歩をして、朝と午後あわせて１万１千歩、６㎞歩いています」と話してくれました。

散歩はスマホを持って歩くのだそうです。

以前は歩数計を使っていたとのことなのですが、スマホにしてからは、その日の歩数や、どこをどれだけ歩いたかを地図上で示すことができ、記録として残すこと

Facebook勉強会。写真右端が先生の佐々木さん

ができるので、それを毎月の健康管理のデータとして役立てることができるようになったといいます。

また、スマホを持っていると、散歩の途中で感じた季節の変化などをカメラで撮って、すぐにＦａｃｅｂｏｏｋでインターネット仲間たちに公開できるので、とても便利なうえに楽しいと話してくれました。

佐々木さんは、第1章で紹介した日野原重明先生がＦａｃｅｂｏｏｋに綴っていた言葉に感銘したといい、「日野原先生がテーマにしていた〝創《はじ》めること、耐えること、愛すること〟を実践しながら、日々研鑽に励んでいます」といいます。

リアルの世界とインターネットの世界をあわせておこなう〝カラダと頭の運動〟が、元気な佐々木さんをつくっているのです。

さまざまな端末を使いこなす、マルチな伏見克さん

伏見さんは、２０１８年現在90歳です。Ｗｉｎｄｏｗｓパソコン歴は35年、タブレット&Ａｎｄｒｏｉｄスマホ歴は8年、そのうえにｉＰａｄとＭａｃパソコンも使い始めたという、さまざまな情報端末を使いこなしているオールマイティなシニアです。

76歳で始められたブログの他、Ｆａｃｅｂｏｏｋも日本での利用が開始された当初から開設されています。

ブログやＦａｃｅｂｏｏｋを始めた当初は仲間がいなかったそうですが、今は全国の友人とつながっています。

長年の経験を持ちながら、さらにパソコンやインターネットの勉強を続けている

先生役を務める伏見さん

というのは見習いたいところです。伏見さんは、ｉＰａｄやｉＰｈｏｎｅなどの勉強会には必ずご夫婦で参加され、夫婦そろってインターネットを活用しているというところも素晴らしいのです。

趣味も「旅行、ウォーキング、古代史、古墳めぐり、カメラ、ＩＴ」と多彩で、現在もタブレットやスマホを持って、10年以上続けているという古墳めぐりを楽しまれています。伏見さんは「もはやｉＰｈｏｎｅ、ｉＰａｄなしの生活は考えられない」といいます。

伏見さんは、今では勉強会で先生役を務めるまでになりました。まさにＩｏＳ（シニアのインターネット）の鑑《かがみ》といえます。

Ｆａｃｅｂｏｏｋで活動範囲を全国に広げた坂本徳俊さん

坂本さんは福岡在住で、２０１８年現在82歳です。

「老人ホームに元気と笑いを」という目標を掲げて、認知症予防や脳の活性化のために中高年向けに開発されたダンス「サン・プレップ・ダンス」や、自分がマジックを披露する側になる「メディカルマジック」などをシニアたちに実技指導されているとてもアクティブなシニアです。

「サン・プレップ・ダンス」を披露する坂本さん

かつてはＩＴを毛嫌いしていて、「生の講演にこだわり、自分の声で勝負しようと考えていた」そうです。ところが、第1章で紹介した日野原重明先生のＦａｃｅｂｏｏｋネットワークに、２０１３年に参加したことで、ＩＴへの考え方を変えたといいます。

そうして、Ｆａｃｅｂｏｏｋを始めたことで全国の仲間とのつながりができ、福岡から全国へと活動の幅を大きく広げていったのです。

じつは、私がここで坂本さんをご紹介できるのもＦａｃｅｂｏｏｋを通じてできた縁のおかげです。

インターネットがなかったら知り合うことができなかったかもしれません。

そういう人たちと出会い、縁ができるのはとてもうれしいものです。普段はネットで交流している遠くに住む仲間と、出張の折にリアルに会って一杯やりながら語り合うというのも私の楽しみのひとつになりました。

スマホゲームを周りのみんなと楽しんでいる中村作雄さん

中村さんは、現役時代は大手メーカーの技術者で、趣味の絵は個展を開くほどの腕前です。そこで、ｉＰａｄで絵を描き始めるようになり、今ではすっかりＩＴシニアです。

『Pokémon GO』を楽しみむ中村夫妻

２０１８年現在、中村夫妻は88歳と83歳です。健康法は歩くことで、ｉＰｈｏｎｅを持って散歩するのが日課だそうです。

そして、散歩のときにスマホアプリゲームの「Pokémon GO（ポケモンゴー）」を楽しんでいるのだそう。最近はすっかり奥さんも巻き込み、二人で毎日ゲームを楽しんでいるそうです。

「Pokémon GO」は大人気のゲームなので、やったことのあるシニアも多いのではないかと思います。

現実世界とゲーム画面を連携させたゲームで、現実世界のいろいろな場所を歩きながら、ゲーム画面上に現れる生き物「ポケットモンスター（ポケモン）」を探して捕まえたり、バトルさせたりするゲームです。バトルは、町の中にいくつも設置されている「ジム」の近くまで行っておこないます。


中村さんは「お〜い！　駅前にポケモンが出たぞ〜」なんていいながら、奥様と二人でポケモンを捕まえに飛んで行くのだとか。

二人で散歩とゲームを楽しめるというだけで一石二鳥です。それだけでなく、日曜日の朝などは「ジム」にいつものメンバーが集まっていて、「おはよう」と挨拶を交わすのも楽しみだといいます。

「ジム」には予定時間になると「ボスポケモン」が現れるので、そこにいる全員が力を合わせて戦います。

そこに参加するメンバーは、小学生など幼い子どもたちから、足の不自由な車椅子の人、犬を連れた散歩中の人など、幅広い年齢のさまざまな人たちです。そういった人たちと、いろいろな情報を交換して、にぎやかに話が弾むのだそうです。

中村さんはゲームの配信が開始されてすぐに始めたので、すでに最高レベルにまで達している、年季の入ったベテランです。

奥さんは1年ほど経ってから始められたので、「ここからどうしたらいいの?」「ゲームが動かなくなってしまった!」など、ゲームについてしょっちゅう質問を受けるのだそうです。

夕食時も、その日のゲームの成果について話が弾むのだとか。歳をとると夫婦間の会話が減りがちなのですが、『ポケモン』のおかげで会話が多くなり、仲良くなれた」と語ってくれました。

夫婦間だけでなく周りのたくさんの人たちとのコミュニケーションツールとしても活用している中村さんは「年齢にかかわらず、ぜひスマホに『Pokémon GO』のアプリを入れて、楽しんでみてほしいです」といいます。

「ゲームなんてわからない」と思うかもしれませんが、教えてくれる人は意外と身近にたくさんいるそうです。

中村さんは「スマホを杖に、楽しく、活き活きと」の一句をモットーに毎日を楽しんでいるといいます。たしかに、シニアにとって、スマホは頼りになる杖といえます。

第3章

ITや
インターネットは
認知症にも
役立ちます

ＩＴの発展によって認知症者の生活の大きな助けに

元気なシニアが増えていますが、私たち同年代の集まりでの一番の話題は「**どうしたら認知症にならないか**」ということです。

先日、ある大学の授業で高齢化社会の話をしたのですが、授業後に生徒たちが書いてくれた感想文にもっとも多く書かれていたのは、学生たち自身のおじいさんやおばあさんの認知症のことでした。今や家族の一番大きな心配事ではないでしょうか？

認知症かどうかは医学的な検査で判断されます。「病歴や身体所見」「認知機能のインタビュー検査」「画像診断」の３つの結果を総合的に判断して診断がなされるそうです。

高齢者の４人に１人は軽度認知障害（ＭＣＩ）、もしくは認知症であるといわれています。また、認知症と判断された人の5割から7割はアルツハイマー型認知症だといいます。

認知症になって誰かの手助けが必要になると、患者1人あたり300万円から400万円の社会的負担がかかるという報告もあります。現在、認知症者の数は300万人とのことですが、2025年には700万人から900万人まで増加するともいわれています。

認知症というのは、本人や家族の問題ではあるのですが、地域のサポーターやボランティアの支援なしに介護することはできません。つまり、認知症は社会的な問題といえるわけです。

認知症の人の増加と、その介護者の負担の増大は社会問題化しています。

厚生労働省は、認知症対策のための施策を総合的に推進することになり、2013年に「認知症施策推進5か年計画（オレンジプラン）」をスタート。2015年度からは、オレンジプランに代わるものとして「認知症施策推進総合戦略（新オレンジプラン）」が発足、「認知症高齢者等にやさしい地域づくり」が国家プロジェクトとして動き始めました。

「オレンジプラン」は若年性認知症対策が中心に据えられていましたが、「新オレンジプラン」では認知症の予防、リハビリ、ケア、認知症者が安心して暮らせる町づくりという新しい施策が盛り込まれました。

そんな中で、「認知症」と「情報技術」という、一見、縁がないように見える2つの世界の関係に大きな変化が出てきました。**情報技術の発展によって、認知症の人もインターネットを活用することができるようになった**のです。

私のＦａｃｅｂｏｏｋ勉強会に認知症者が初参加

２０１３年のある日、シニア向けのｉＰａｄとＦａｃｅｂｏｏｋの勉強会を主催していた私のところに、埼玉在住の佐藤雅彦さんから「私は若年性アルツハイマーなのですが勉強会に参加させてもらえないでしょうか？」というメールが送られてきました。

そのメールには、「私は9年前に若年性アルツハイマーと診断されました。目の前が真っ暗になり、茫然自失となりました。働いていた会社も辞めました」と書かれていました。

私たちの勉強会は「認知症防止を兼ねて」という企画だったのですが、実際に認知症の方が参加することは想定していなかったので、とても驚きました。

佐藤さんも勉強会に参加することになり、最初は、家から勉強会の会場がある都心まで1人で移動するのは難しいということで、途中の駅までスタッフが迎えに行きました。

佐藤さんはｉＰａｄを持参していました。教室の最前列の席に座り、自分が知りたいこと、不便に感じていることを次々と質問し、納得するまでアプリの使い方を練習していた姿が印象に残っています。

その後もｉＰａｄの標準のアプリの「カメラ」の使い方や、撮った写真の整理方法、「マップ」アプリを使って行きたい場所への道順を検索する方法、「メモ」アプリを使って物忘れを防ぐ方法など、毎回さまざまなアプリの使い方を確認し、ｉＰａｄを普段の生活の改善に役立てようとしていました。

標準アプリに加え、「乗換案内」アプリ、「お天気」アプリなど「生活が便利になるアプリも知りたい」と積極的に勉強会に参加されました。それとともに日常の行動半径もぐんと広がり、Ｆａｃｅｂｏｏｋを通じてたくさんの友人もできました。

そして佐藤さんは、インターネットを通じて、認知症者が直面しているいろいろな困り事や社会に理解してほしいことなどを当事者の目線と立場から発信するということも始めました。

さらに、それらをまとめたものが書籍となり、日本医学ジャーナリスト協会賞の優秀賞を受賞したのです。

それまでにも認知症に関する書籍はたくさんありましたが、医学者が書いたものがほとんどだったので、認知症者自身が書いた本は新鮮なものでした。

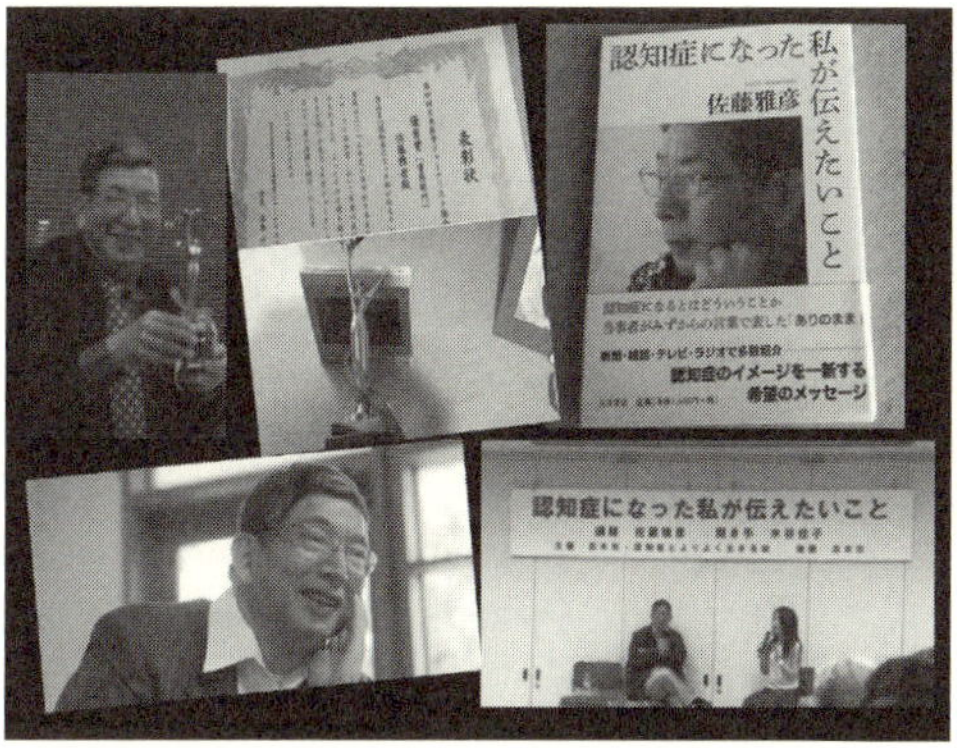

著書は日本医学ジャーナリスト協会賞優秀賞を受賞

さらに、本を出版したことから同じ境遇にある患者グループとのつながりができ、グループの集まりに参加したり、依頼を受けて講演をおこなったりするようになっていきました。テレビで紹介されたこともあります。

最初は曇りがちだった佐藤さんの表情もどんどん明るくなっていき、患者とは思えないような活き活きとした顔つきになっていきました。

当初、佐藤さんは、医師から「5年で何もわからなくなるだろう」といわれて失意のどん底にあったといいます。しかし、それから15年経った今、佐藤さんは**活き活きとした認知症シニアライフ**を楽しむに至りました。そのきっかけは、ＦａｃｅｂｏｏｋとｉＰａｄの活用だったのです。

佐藤さんはｉＰａｄ、ｉＰｈｏｎｅに続いて、Ｍａｃのコンピュータにも興味を持ち、私たちのＭａｃの勉強会にも参加されました。

佐藤さんは、さまざまなＩＴの技術で、失われた機能をカバーしていったのです。

失われていく記憶を情報機器でフォローするという方法で、**「記憶に頼らず記録に頼る」**という生活が実現されていきました。

佐藤さんは、その後も、さらに趣味の範囲を広げ、生活の質の向上に努めています。ピアノを始めました。絵を描き始めて、個展も開きました。これらはＦａｃｅｂｏｏｋでつながったそれぞれの専門家の仲間たちがボランティアとなりアドバイスをおこなっています。

認知症には、もちろん医学的な治療が重要ですが、こういった**日常生活上のサポートもとても効果的**だということを私たちは目の当たりにしました。認知症の生活にもＩＴが役立つということを、おおいに実感させられたのです。

ＩＴを活用する佐藤さんが教えてくれたこととは

医学書や健康書などには、認知症についてのさまざまな情報が書かれていますが、自ら認知症を体験している本人が伝える言葉からは、それまでにない大きさと重さを感じさせられました。

医学的に見た認知症者と、社会人の１人として生活している認知症者には大きな違いがあるように感じます。

佐藤さんがＦａｃｅｂｏｏｋを通じて発信した「**これから認知症になる人に伝えたいこと**」の中に、認知症が気になる私たちシニアの心に響いたものがたくさんありました。

私の印象に残ったものを、いくつかここに引用させてもらいたいと思います。

「認知症になっても人生は終わりだと思わない。〝できることリスト〟を書き出し、自分に自信を持つ」

「『できないことは何か』を冷静に考え、できないことだけ支援してもらう」

「同じ境遇の人と話し合い、自分だけでないと自覚して勇気をもらう」

「積極的に外に出る。家の中に閉じこもらない。社会と交流して、孤立しない」

「軽度認知障害（ＭＣＩ）にはＩＴの活用が不可欠。ｉＰａｄなどタブレット端末の操作を覚えて、写真を撮ったり、メモしたりして『記憶に頼らず、記録を頼る』生活にする」

これらは認知症の経験者だからこそ発信できる言葉です。

佐藤さんのこれらの言葉は、Ｆａｃｅｂｏｏｋでつながった仲間との交流を通して得られた実感といえるでしょう。

身近なことについての言葉なのですが、はっと気づかされることがたくさんあります。

社会には、実際の認知症者数の数倍ともいえる予備軍が存在するといわれています。そういった予備軍の人々をいかに認知症にならないようにするかとともに、認知症になってしまってからの生き方を考えていくことも必要になってきました。

認知症と診断されて落ち込んでいる人たちにとって、佐藤さんがＦａｃｅｂｏｏｋなどを通して発信している言葉は、とても大きな力になるはずです。

また、認知症者を介護している家族や、身近な友人に認知症者がいるといった人たちにも、佐藤さんの言葉はきっと参考になるはずです。

認知症者のタブレット活用術　「記憶より記録に頼る」

認知症者の佐藤さんは、ｉＰａｄ（タブレットパソコン）を活用して、**自分の「失われた機能」を補って**います。

ｉＰａｄには標準的に、日常で使えるいくつもの便利なアプリが入っています。これらのアプリを活用すれば、「完璧に」とはいかなくても、「かなり便利に」生活を送れるようになるのです。

佐藤さんがＦａｃｅｂｏｏｋで紹介していた、悩み別のｉＰａｄのアプリ活用法を見てみましょう。

悩み①　住所と名前以外は漢字で文字が書けず、日記が書けない。日々の記憶が思い出せないので不安になる。

対策：パソコンかｉＰａｄの操作を覚えて、入力して記録を残す。キーボード操作ができなかったら音声で入力する。

悩み②　朝起きたとき、その日の日付も予定もわからないので困る。

対策：「Ｇｏｏｇｌｅカレンダー」などのスケジュールアプリを使うようにする。アプリを立ち上げると、その日の部分が違う色で表示されるので日付がわかる。予定を入力しておけば予定もわかる。

悩み③　目覚ましをかけないと目が覚めない。

対策：ｉＰａｄの「目覚まし」機能を使い、起きる時刻にアラームを設定しておく。「Ｓｉｒｉ」を使って音声入力で簡単に設定できる。

悩み④　時刻がわからないので、予定があるのに遅刻してしまう。

対策：ｉＰａｄの「アラーム」機能を使い、必要な時刻にアラームを設定しておく。入力は音声でおこなう。

悩み⑤　食事したことを忘れてしまう。

対策：iPadの「カメラ」機能で毎回食事の写真を撮り、食べた記録を残すようにする。食べた日付と時間も記録される。

悩み⑥　考えていたことをすぐに忘れてしまう。
対策：iPadの「メモ」機能を使い、考えながら、こまめにメモをしておく。

悩み⑦　同じものを、いくつも買ってしまう。
対策：iPadの「メモ」機能を使い、「買ってはいけないものリスト」をつくっておく。

悩み⑧　自分がどこにいるかわからなくなる。
対策：iPadの「地図アプリ」で、自分の現在位置と自宅の場所を確認する。

悩み⑨　慣れている道でも迷ってしまう。

対策：　ｉＰａｄの「カメラ」機能を使って道の途中の目印を撮り、その写真を入れ込んだ自分用の地図をつくっておく。

他にもいろいろありますが、これだけを見ても、認知症の人だけでなく私たちシニアにも助けになる便利な機能がたくさんあると思いませんか？

よく「認知症」と「単なる物忘れ」が比較されることがあります。物忘れは病気ではありませんが、生活するうえの不便を考えると同じです。

「記憶に頼らず、記録に頼る」というのは一般のシニアにとっても役立ちます。私自身もできるだけｉＰａｄやｉＰｈｏｎｅの機能を使って、物忘れの防止に役立てようと実践しています。

ｉＰａｄには、「カメラ」「地図」「時計」「メモ」などのアプリのほか、音声認識でアシストしてくれる「Ｓｉｒｉ」という機能が標準で組み込まれています。ｉＰａｄを購入したらすぐに使えるので、すぐに生活に役立ちます。

第4章

実際に
インターネットを
使ってみましょう

「パソコン」と「タブレットＰＣ」、その違いは？

「パソコンは使えそうにないけれど、インターネットは使ってみたい」という人は多いのではないでしょうか？

たしかに、パソコンはちょっと敷居が高いかもしれません。そういう場合は、ぜひタブレットＰＣ（タブレットパソコン）を使ってみてください。

最近はパソコンよりタブレットＰＣの売れ行きが増しているようです。

そのせいか**「タブレットＰＣはパソコンと何が違うの？」**という質問もたくさん受けます。また、「パソコンの経験がないとタブレットＰＣを使うのは難しいですか？」といった質問もあります。

タブレットＰＣというのは、**スマートフォンとノートパソコンの中間のような存**

在です。具体的にあげると、ｉＰａｄがそのひとつです。
おおまかには〝画面の大きなスマートフォン〟と考えてもいいでしょう。例えば、ｉＰｈｏｎｅはスマートフォンで、ｉＰａｄがタブレットＰＣということです。

タブレットＰＣは、パソコンのようなキーボードやマウスではなく、指先でのタッチ操作で簡単に使えるようになっています。また、カメラなどもついているほか、自分の居場所がわかる位置情報など、パソコンとは違うたくさんの便利な機能も備わっています。

スマートフォンとの違いは通話機能がないことといえますが、タブレットＰＣの中には通話機能のあるタイプもあります。

タブレットＰＣは、やはり持ち運びが簡単なところが大きな利点です。
パソコンは、パソコンが置いてある場所に行かないと使えませんが、タブレットＰＣならキッチンやリビングで使ったり、散歩や旅行に持っていったりするのも簡単です。

テレビのようにスイッチを入れればすぐに使えるのも便利です。パソコンは電源を入れてから立ち上がるまでしばらく時間がかかりますが、タブレットPCならすぐに使えます。

「キーボードやマウス操作が苦手」という人でも、自分が使いやすい入力方法を選ぶことができます。使いたいアプリは「アイコン」と呼ばれるマークを指でタッチするだけで立ち上がるので、パソコンのようにキーボードをたたいたり、マウスをクリックしたりする必要はありません。さらには、音声入力を使えば、**しゃべるだけで文字入力**もできてしまいます。

画面の拡大・縮小表示も簡単にできます。指を2本使って画面を見やすい大きさに拡大できるので、小さな文字や図もしっかり見ることができます。「老眼だから」という人にも便利なはずです。

他にも生活に役立ついろいろなアプリが標準で入っているのも魅力です。例えばｉＰａｄでは、**カメラ、地図、メモ、連絡先（住所録）、カレンダー（日程表）など**のアプリが最初から標準で装備されています。標準のアプリ以外にも便利なアプリがたくさんあるので、自分の必要に応じて無料・有料でダウンロードして使うこともできます。

「ｉＰａｄ」と「Ａｎｄｒｏｉｄタブレット」、その違いは？

タブレットＰＣには２つのタイプがあります。

１つはｉＰａｄに代表される「**ｉＯＳ**」、もう１つはそれ以外の「**Ａｎｄｒｏｉｄ（アンドロイド）**」です。

この２つは何が違うかというと「ＯＳ」が違うのです。

「ＯＳ」とは「オペレーティングシステム」のことで、コンピュータのオペレーション（操作・運用・運転）のために基盤となるシステムソフトのことです。パソコンもタブレットＰＣもスマートフォンも、ＯＳが入っていないと動きません。

この2つは、機能的には似ていますが、システムの設計思想と事業展開が大きく異なっています。

「ｉＯＳ」は、米国のＡｐｐｌｅ（アップル）社が独自に管理しているＯＳです。ｉＰｈｏｎｅ、ｉＰａｄに使用されています。

一方、「Ａｎｄｒｏｉｄ」は、米国のＧｏｏｇｌｅ（グーグル）社が開発したモバイル用のＯＳです。

「ｉＯＳ」はアップル社製品にだけ使われていますが、「Ａｎｄｒｏｉｄ」はオープンシステムとして一般に公開されているため、世界中の多くの企業が参入し、ハードウエアもアプリケーション開発も、数多くの多彩なアイテムが展開されています。

つまり、スマートフォンなら「ｉＰｈｏｎｅ」と、それ以外の「Ａｎｄｒｏｉｄ

スマホ」、タブレットなら「iPad」と、それ以外の「Androidタブレット」の2種類に分かれるということなのです。

「Android」は手がける企業が多いぶん、タブレットPCもさまざまなタイプがあります。家電量販店などに行くと、広いスペースにたくさんのAndroidタブレットが並べられています。さまざまなメーカーのさまざまなサイズのAndroidタブレットがあり、どれを選んだらいいのか、きっと迷ってしまうことでしょう。

「Android」は多様性があるのがいいところなのですが、多様性があるぶん、かえって初心者には使いづらいところもあります。

それに対し「iOS」が入っているiPadは、アップル社製品しかないため、アイテムが限られていて、売り場も小さめです。値段もやや割高感があるかもしれません。

ＩＴ初心者のシニアにとってはｉＰａｄの売り場は、とっつきづらいかもしれません。でも私は、シニアには「ｉＯＳ」のｉＰａｄをすすめています。それは、Ａｐｐｌｅ社がハードウエアであるｉＰｈｏｎｅやｉＰａｄとそのアプリのセキュリティの両方を一元的に管理しているため、ｉＯＳのほうが安全性が高く、アプリの使い勝手もいいと考えているからです。

【初心者編】実際にｉＰａｄを使ってみましょう

これからタブレットＰＣを使い始めたいと思っているＩＴ初心者のシニアに役立ててもらいたい、便利な使い方をいくつか紹介してみたいと思います。

ここでは「ｉＯＳ」のｉＰａｄを例に紹介します。

使いやすい入力スタイルに設定しましょう

●キーボードを切り替える

最初の難関は、文字の入力ではないでしょうか？

「パソコンでローマ字入力に慣れている」という人もいれば、『あいうえお～』のキーが並んでいないと使いづらい」という人もいるでしょう。

入力をやりやすくするためにも、自分が使いやすい入力モードに変更してみましょう。

キーボードの中にある、**地球のようなマークのキーをタップ**（タッチ操作）してみてください。すると**「日本語ローマ字」「English（US）」「日本語50音」**という選択肢が現れます。

ローマ字入力にしたいときは「日本語ローマ字」、あいうえおが並ぶキーボードにしたいときは「日本語50音」を選びましょう。

「日本語ローマ字」のキーボード
この地球のようなキーで切り替え

「日本語50音」のキーボード

「English（US）」のキーボード

※画像はiPadのiOS12.1バージョンのものです。
　バージョンによって多少違いがあります。

マイクのマークのキーをタップ

アルファベットを入力するときは「English（US）」を選ぶことで簡単に切り替えることができます。

●音声入力にもチャレンジ

しゃべりかけるだけでOKの「音声入力」も使ってみましょう。

キーボードの中にある、**マイクのマークのキーをタップ**すると、音声入力することができます。

思った以上に正確に文字に変換されます。ぜひ試してみてください。

「キーボードが苦手」という人だけでなく、「ちょっとメモしておきたい」というときや、「寝転がったまま入力したい」なんていうときにも便利です。

ときには変換ミスがあったりもしますが、入力後に修正すればいいので、とても簡単です。

インターネットで検索してみましょう

ｉＰａｄには「Ｓａｆａｒｉ（サファリ）」というウェブブラウザーが標準で入っています。

このアプリを開いて、調べたいことを入力すると、サイトが表示されるというわけです。

方位磁石のようなアイコンをタップすると「Ｓａｆａｒｉ」が起動します。

そうすると、上の方に文字を打ち込むスペースが2つ現れます。

調べたいページのＵＲＬ（アドレス）がわかっている場合は、**左側のスペース**に入力します。言葉で検索したい場合は、**右側のスペース**に入力します。

入力が終わったら、キーボードの「Ｇｏ」のキーをタップします。そうすると検索結果がずらっと表示されます。

その中から見たいページを選び、タイトルをタップすると、そのページを開くことができます。

「Ｓｉｒｉ」でもっと簡単にｉＰａｄを使いましょう

「Ｓｉｒｉ（シリ）」は、アプリではなく、ｉＰａｄやｉＰｈｏｎｅに入っている便利な機能です。

ｉＰａｄに標準で入っているＡＩアシスタントで、話しかけるだけで質問に答えたり、さまざまな設定をしてくれたりするのです。

音声機能と高度な検索機能が組み合わされた、とても優れたアシスタントです。人の言葉の意味を理解して答えてくれるので、まるでｉＰａｄの中に秘書が入っているような感じさえします。

この機能を使うには、**ｉＰａｄのホームボタン（本体の下にある丸いボタン）を長押しします**。するとピピッと音がして、「ご用件は何でしょう?」と始まります。そのままｉＰａｄに話しかけてみましょう。

例えば、「明日の東京の天気は?」と聞くと、「明日の天気です」といって東京の天気予報が表示されます。続けて「大阪はどう?」と聞くと、Ｓｉｒｉはあなたが1つ前に天気について質問したことを覚えていて、すぐに大阪の天気を表示してくれます。**続けて聞くときは、画面上のマイクのマークを押してから**話しかけます。

また、「明日の朝、7時に起こして」と話しかけると、Ｓｉｒｉが「7時にアラームをセットしました」といって、ｉＰａｄの時計をセットしてくれます。

「30分経ったら起こして」と話しかければ、Ｓｉｒｉが30分後の時間を計算してアラームをセットしてくれます。

Ｓｉｒｉは検索アプリとつながっているので、関連するウェブサイトも教えてくれます。検索アプリを立ち上げて文字を入力する手間もありません。

新幹線で出かけることになったとき、Ｓｉｒｉに「東京駅からの東海道新幹線の時刻表」と話しかけてみてください。Ｓｉｒｉが新幹線時刻表のウェブサイトを開いてくれます。

メールを送ることもできます。Ｓｉｒｉに「佐藤さんにメール」と話しかけると、ｉＰａｄの電話帳の中から佐藤さんのメールアドレスを探し出し、「送信先」に自動的に書き込んでくれます。次に、メールの「タイトル」を聞かれるので、マイクのボタンを押して話します。そのあと「本文」の書き込みを促してくるので、またマイクのボタンを押して話します。そのあとＳｉｒｉが「送信していいですか？」と聞いてくるので、「送信」と声で指示するとメールが送信されます。このように音声入力だけで、メールの作成も送信もできてしまいます。

Ｓｉｒｉへの質問や指示は、いつでもできて、何の気兼ねもなく、自分が満足するまで続けることができるのも利点です。「今まで何度も同じことを聞くのは気が引けたけれど、Ｓｉｒｉに聞いてわからなかったことが解消した」というシニアも少なくありません。

Ｓｉｒｉにいろいろ質問してみてください。いろいろな調べごとに応えてくれるだけでなく、話し相手にもなってくれます。

「早口言葉をしゃべって」と話しかけると、見事に早口言葉で応答してくれます。

Ｓｉｒｉを使い終わったら、**ホームボタンを長押しするとアプリが終了**します。または、Ｓｉｒｉに「さようなら」と話しかけて終了させることもできます。

シニアに役立つとても便利な機能なので、ぜひ日々の生活に活用してみてください。いろいろなシーンで使えるので、便利なうえに楽しめます。手放せなくなるかもしれませんよ。

「Facebook」で友だちとつながりましょう

私がシニアにもっともおすすめしたいアプリは「Facebook（フェイスブック）」です。

第2章で紹介したITシニアたちも、ほとんどがFacebookを活用して、たくさんの仲間をつくっています。

たいていの人は、フルタイムジョブをリタイアした直後は、自由な時間がたっぷりあり、たくさんの友人もいて楽しい時間を過ごすことができます。でも、歳をとるとともに変わっていきます。

次第に、新たにできる友だちより疎遠になる友だちのほうが増えていきます。長年の飲み仲間やゴルフ仲間も1人減り、2人減りという状況になっていきます。外出したり、人に接したりする機会も減り、行動範囲は家の半径５００m以内なんていうことになりがちです。

これを救ってくれるのが**ＳＮＳ（ソーシャルネットワーキングサービス）**です。ＳＮＳはインターネット上の交流サイトのことで、情報発信や仲間との情報交換ができます。

ＳＮＳは「Ｔｗｉｔｔｅｒ（ツイッター）」「Ｉｎｓｔａｇｒａｍ（インスタグラム）」「ＬＩＮＥ（ライン）」など、たくさんありますが、私がシニアにおすすめしたいのは「Ｆａｃｅｂｏｏｋ」なのです。

Ｆａｃｅｂｏｏｋはアメリカで２００４年にザッカーバーグがハーバード大学の学生が交流を図るための、「ＴｈｅＦａｃｅｂｏｏｋ」というサービスを開始したことに始まりました。２００６年には、一般の方にも開放され爆発的に広がり、そして日本では２００８年５月に日本語版が公開されました。

Ｆａｃｅｂｏｏｋの特徴は、**参加者が実名で登録**するということです。他のＳＮＳは匿名で参加できることも多いのですが、Ｆａｃｅｂｏｏｋは実名で登録されているので、Ｆａｃｅｂｏｏｋ上で連絡を受けたときに相手が誰なのかがわかって安心感があります。

また、Ｆａｃｅｂｏｏｋに参加している人を名前で検索することもできるので、懐かしい昔の友だちや仕事仲間だった人などを見つけられることもあります。

Ｆａｃｅｂｏｏｋは、誰でも見られるページの他に、**限られた人たちだけが交流できるグループサイトをつくることもできる**ので、特定のメンバーだけの交流も可能です。

地方や海外にいる友人や知人などとも気楽に連絡を取り合うことができ、無料で利用できるというのも魅力です。

「メッセージをやり取りするだけならメールと同じでは？」と思うかもしれませんが、

Ｆａｃｅｂｏｏｋは写真を掲載したり、グループ機能でコミュニティーをつくったりできるなど、いろいろな機能があります。

Ｆａｃｅｂｏｏｋを始めるには、まず**「Ａｐｐ Ｓｔｏｒｅ（アップストア）」**から無料の「Ｆａｃｅｂｏｏｋアプリ」をダウンロードします。そしてアプリを立ち上げ、必要事項を登録することで利用できるようになります。

ＦａｃｅｂｏｏｋはｉＰａｄのアプリ以外に、パソコンやスマートフォンからもアクセスすることができます。

登録などでわからないことがあったら、前の項目で紹介した「検索」の方法で、調べてみてください。解決策が見つかるかもしれません。

第5章

ビジネスを
始めたいシニアへの
おすすめアイテム

ビジネスをしたいシニアにおすすめの7つ道具

第４章ではこれからｉＰａｄを使ってみようというＩＴ初心者のシニア向けに初歩の初歩を説明しましたが、ここではビジネス向けの話をしてみたいと思います。

今はシニアといっても元気ですから、「リタイア後に何か仕事をしたい」「地域の活動に参画したい」という人も増えています。そういう場合もインターネットが役に立ちます。というよりも、今は何をするにしてもインターネットが使えないと仕事にならないといっても過言ではありません。

シニアビジネスは、業務の多くを自分でこなしていかなければなりません。そしてスピーディーな対応が求められます。

それを可能にするのは、ＩＴの徹底活用です。**ＩＴの駆使がビジネスのポイント**

になります。

そのために私が活用している7つ道具をご紹介しましょう。

①パソコン…私はＭａｃを使っています。「Ｗｉｎｄｏｗｓのほうが慣れている」という人は構いませんが、私はＭａｃをおすすめします。なぜかというと、ｉＰｈｏｎｅやｉＰａｄなどｉＯＳの機器との親和性が高いので、連携させて使いやすいからです。

②スマートフォン…私はｉＰｈｏｎｅを使っています。第4章でもお話ししたとおり、シニアにはｉＰｈｏｎｅが使いやすいということと、シニアビジネスで使えるアプリが数多く提供されていて、Ａｎｄｒｏｉｄにくらべて安全性が高いと思うからです。

③タブレットＰＣ…私はｉＰａｄを使っています。これもｉＰｈｏｎｅと同様の理由からです。

④無線ＬＡＮ…私は高速な光通信無線ＬＡＮを使っています。自宅が仕事場という

人も多いと思いますが、仕事には高速な無線ＬＡＮは必須です。

⑤モバイルＷｉ‐Ｆｉ…私は外出先でｉＰａｄやＭａｃを使うためにモバイルＷｉ‐Ｆｉを使っています。仕事ではいつでもどこでも対応が求められます。つねにインターネットにつなげられるということがビジネススピードをアップするポイントになります。

⑥プリンター…私は無線ＬＡＮ対応プリンターを使っています。家中どこからでもプリンタへの配線なしでプリントができ、またスマートフォンやタブレットからも直接プリントできるので仕事の効率が上がります。

⑦スキャナー…プリンターが複合機の場合は、プリンターにスキャナーの機能が入っています。これからの時代はペーパーレスが主体です。紙のデータもデジタル化しましょう。デジタル化しておくと、必要な資料やデータを見つけ出すスピードも早くなります。

ビジネスをするシニアにおすすめしたい3大アプリ

道具を紹介しましたが、ビジネスではアプリも重要です。

iPhoneやiPadで使えるiOS用、Macパソコンで使えるmacOS用のビジネスアプリがたくさん提供されています。

中でも私がおすすめしたいアプリが3つあります。

①オフィスアプリ

文書、表計算、プレゼンテーションのドキュメントを表示したり、編集したり、作成したりするアプリです。

Microsoft（マイクロソフト）社のWindows用ソフトでおなじみの**「Word（ワード）」「Excel（エクセル）」「PowerPoint（パワーポイント）」**もiOS用、macOS用のアプリが提供されています。

同様のアプリがApple社からiOS用アプリとして提供されています。「Pages（ページズ）」「Numbers（ナンバーズ）」「Keynote（キーノート）」というアプリです。

以前はこの両者に互換性がなかったのですが、最近はどちらを使って作った文書でも、どちらのアプリで開けるようになりました。完璧な互換性があるというわけではありませんが、ほぼ問題ありません。ビジネスには必要なアプリなので、使いやすいほうを入れておきましょう。

②Dropbox（ドロップボックス）

「Dropbox」のアイコン

クラウドストレージサービスのアプリです。インターネット上につくられた自分専用の箱の中にデータをアップロードすると、複数の端末機器からそのデータにアクセスできるというイメージです。つまり、インターネットさえあれば、1つのファイルを、複数の人が、場所や端末を選ばずにアップロードしたり、共有できたりするということなのです。

他にもクラウドストレージサービスはありますが、Ｄｒｏｐｂｏｘの利点はファイルのアップロードが簡単なところ。パソコンにＤｒｏｐｂｏｘをインストールし、フォルダをつくってデータを保存しておけば、自動的にインターネット上のデータも更新されます。

２ＧＢまでは無料で使えるので、ぜひ試してみてください。

③Ｅｖｅｒｎｏｔｅ（エバーノート）

「Evernote」のアイコン

Ｅｖｅｒｎｏｔｅが提供するサーバ上に、テキストや画像などのデジタルデータを保存することができるサービスです。

保存したデータは、自分の使いやすいスタイルで整理することができ、すべて自動的にインデックスがつくられるので、あとから検索できます。

インターネットがあればどこからでもアクセスでき、他の人とデータを共有することもできるところも便利です。

仕事の書類などの他、手書きのスキャン画像や写真、音声、ＰＤＦなどさまざまなデータを手軽に保存できるので、ちょっとしたメモや気になった記事のスクラップなどを放り込んでおいて、あとで読み直すといった使い方もおすすめです。

インターネットを使えばテレビ会議も簡単です

日本はビジネスにおいて会議が多いと指摘されています。それは、仕事に参加している仲間との合意を大切にしているからでしょう。

もちろん、顔を合わせて話し合うのは悪いことではありません。メールなどで意思の疎通ができていたとしても、やはり集まって、情報交換や仕事の確認をすることは大切です。

しかしながら、この忙しい時代にみんなが集まって会議を開くには、スケジュール調整もなかなかむずかしいものです。

そんなときに役立つのがインターネット上でのテレビ会議です。メンバーたちがどんなに離れていても、たとえ海外にいたとしても、**顔を見ながら話をする**ことができます。**資料を共有しながら話をすることもできる**ので効率的にも悪くありません。

みんなが1カ所に集まって会議をするより、離れた場所にいるメンバーたちが、その場所のリアルタイムな情報を持ち寄ったほうが仕事に役立つかもしれません。言葉では説明しきれない情報を映像などで送ることもできます。

ビデオ会議に使えるアプリは「**Ｓｋｙｐｅ（スカイプ）**」「**ハングアウト**」などいくつかあります。

「Ｓｋｙｐｅ」と「ハングアウト」は無料のチャット、音声通話、ビデオ通話ができるアプリで、会議以外にも役立ちます。

私はこれらの他、ＦａｃｅｂｏｏｋやＬＩＮＥなどをビジネスに活用しています。私がリタイア後13年間マレーシアにいながら日本にいるのと同じように仕事ができたのも、こういったツールがあったおかげです。

第6章

シニアに
おすすめしたい
インターネット
サイト活用法

ニュース・防災情報サイトで自分の生活の安全を守る

最近は、地震、台風、想定外のゲリラ豪雨、津波や高波など規模の大きな災害が連発しています。被害者にとりわけシニアが多いのも気になります。

災害などが起きたとき、あなたはどういった方法で状況を把握しますか？

テレビから、ラジオから、地域の防災緊急放送から、などいろいろな手段があります。

しかしながら、これらのメディアでは情報は一方的に送られてくるので、ほしい情報を、ほしいときに得られるとは限りません。

また、停電になってしまうとテレビがつかなかったり、豪雨のときは緊急放送が雨音にかき消されて聞こえなかったりというケースもあります。

「NHKニュース防災」のアイコン

「Yahoo!防災速報」のアイコン

シニアで、なかでも一人暮らしの人は、情報を得られないと心細さを感じることでしょう。大きな災害のあとは、私のところにも「災害のとき、どうやって情報を得ればいいか?」という問い合わせが急増しました。

インターネットを使うと、**ほしい情報を、ほしいとき**に得ることができます。情報が流れてくるのを待っていないで、自分から探しに行くというイメージです。

ＮＨＫは「**ＮＨＫニュース・防災**」というアプリで、ニュースや災害情報を配信しています。災害時などにはテレビ番組と同じ情報が配信され、ＮＨＫのニュース画面を見ることができます。

Ｙａｈｏｏ！でも「**Ｙａｈｏｏ！防災速報**」というアプリで、その地域の最新情報が見られるようになっています。地震、雨雲レーダー、警報、避難勧告、Ｊアラートなど、現在地と設定３地域の災害情報をまとめて通知してくれるので便利です。

最近は、それぞれの地域でその地域特有の災害緊急時の情報をインターネットで配信しているので、市区町村などのホームページで確認してみてください。

ｉＯＳ用のアプリがあるようでしたら事前にダウンロードしておくことをおすすめします。いずれもＡｐｐＳｔｏｒｅからダウンロードできます。

災害時にいろいろな通信網が機能しなくなったとき、最後に助けになったのがスマートフォンだったという話をよく耳にします。

スマートフォンやタブレットでＳＮＳなどを使えば、**家族や友人の安否確認**にも役立ちます。

また、スマートフォンやタブレットは、いざというとき、**懐中電灯や救護を求める信号発信機**として使うこともできます。

ただし、電源が切れてしまうと使えなくなってしまうので、**必ず予備の電池を準備**しておくようにしてください。

インターネットで新しい仲間や自分の居場所を見つける

人生１００歳時代といわれるようになりました。すべての人が１００歳まで生きるという保証はありませんが、やはり１００歳までの人生を考え、準備しておくことは必要ではないでしょうか？

仮に65歳で定年を迎えたとした場合、定年後の生活は35年あるということになります。かなり長めの、第２の人生を生きることができるということになります。

第1の人生の現役時代は、仕事をして子どもを育て、家族を養うという社会的義務を果たすことが中心でした。それが終わってからの**第2の人生は、社会的義務ではなく、自分自身のための社会づくり**ということになります。

第2の人生は、自由な時間がたっぷりあるというのもいいところです。残された時間は自分のためのものです。どう使うかはまったく自由です。その反面、どう使うかは自分で決めなければなりません。

リタイア前の人は、「リタイアしたら自由な時間をゆっくり過ごそう」と思っているかもしれませんが、リタイア後しばらくたつと、自由な時間をもてあましてしまう人も少なくありません。

「何もやることがない」「今日、行くところがない」「じっとテレビを見るだけの生活は退屈だ」と思うようになってくるのです。

第2の人生を有意義に過ごすには、**できるだけ早くから準備する**ということがとても大切なのです。

「生涯現役」というのは仕事だけのことではありません。趣味を活かすこと、自分ができることを社会のために活かすこと、ボランティア活動をすることなども「生涯現役」の活動です。

定年を迎えたシニアに「どういうことをやってみたいですか?」というアンケートをとったことがありました。

すると、「できれば地元で、週に数日、何か仕事をしたい」「地元で何か貢献したい」「収入よりもやりがいを感じたい」といった答えがたくさんありました。

自由な時間はたくさんあるのに、有効に使えていない人が多いということがわかりました。やりたいことはあるのに、どうしたらいいかわからない、という人も多かったのです。

大切なのは**「時間を有効に活用すること」**です。

まずは**自分に何ができるか**を考えてみてください。そして、**自分ができることを**、**それを必要としている人にどうやって提供することができるか**を考えてみてください。

私は、あなたと、あなたを必要としている人を出会わせてくれるのがインターネットだと考えています。ＩｏＳ（シニアをインターネットでつなぐ）ということです。

「自分にできること」「自分が参加したい場所」についてキーワードを考え、インターネットで検索してみてください。

すぐにぴったりな検索結果は出ないかもしれませんが、思いつくキーワードに替えて何度も検索してみてください。

ボランティアや趣味のサークルなどが見つかるかもしれません。同じように考えている仲間が見つかるかもしれません。

きっとあなたの第2の人生を輝かせる、ヒントが発見できるはずです。

インターネット上で生涯学習。学生になる！

「今までできなかった新しいことを勉強したい」という大きな学習意欲を抱いているシニアも少なくありません。その熱意に驚きを感じることもあります。もちろん、学びたいという気持ちに年齢制限はありません。**「生涯現役」「生涯学習」**ということはとても大事です。

誰しも歳をとってくると、若いときにはできていたことができなくなってきます。体力的に衰えたり、気力がなくなったり、物忘れをしたりなど、自分自身の変化を実感して、老化を意識することになります。

そして周りの人からの目も気になるようになってきます。

少しでも若く見られて、「お元気ですね」「お若いですね」なんていわれたら悪い気はしないですよね？

でも、「おいくつですか？」と聞かれたら、あなたはどう答えますか？

元気なのに、我々シニア仲間の多くは「もう80歳なんですよ」とか「もう歳ですから」といった答え方をする人が多いのです。

日本人独特の謙虚さから、出てしまう言葉なのかもしれませんが……。

私は現在82歳ですが、年齢を聞かれたら「まだ82歳です」と答えることにしています。普通、この歳なら「もう82歳なんです」と答えても何の違和感もないと思います。でも、あえて「まだ」と答えることにしているのです。

２０１７年に１０５歳で亡くなられた聖路加病院の日野原重明先生が、１００歳のとき、ある地方での講演会に登壇されたときの有名な話もあります。司会者が「私ももう50歳になりました」といったため、日野原先生は「私はまだ１００歳です」

と返し、観客のみなさんから拍手喝采を受けたのだそうです。

「もう」と「まだ」では未来への意気込みに差があるように思いませんか？

私は「まだまだ元気で人生を楽しむのだ」ということをみんなに示すことで自分自身を鼓舞したいのです。

そんなふうに、「何か勉強を始めたい」と思ったら、「まだ○歳だし」と考えて、年齢なんて気にしないで挑戦してみてください。

実際に勉強を始める場合、学習方法はいろいろあります。

従来からあるカルチャーセンター的なものも人気がありますが、最近は、インターネットを使った学習にも人気が集まっています。

インターネットで勉強することの利点は、学習メニューが豊富で、学習時間も自由に選べること、自分のペースに合わせて学習できることといえます。

なかでも語学は人気です。インターネットを使えば、自宅にいながらにして、外国に住む現地の先生とつないで、直接教えてもらうことができてしまいます。一般会話からビジネス会話まで、自分の目的に合った学習が選べるのも便利です。

また、楽器も、インターネット教室で習うという新しいレッスンの受け方がシニアにも普及しはじめています。

インターネットで学習するというのが始まったのは、Ａｐｐｌｅ社が提供した「ｉＴｕｎｅｓＵ」でした。

ｉＰａｄかｉＰｈｏｎｅを持っている人なら誰でも、**「ｉＴｕｎｅｓＵ」**にある、世界中の大学や研究機関から提供された、たくさんの教育コンテンツのコレクションから学ぶことができます。普段なかなか聞けない最先端の授業をインターネットで受講できるわけです。

他に、**大規模公開オンライン講座「ＭＯＯＣ（Massive Open Online Courses）」**

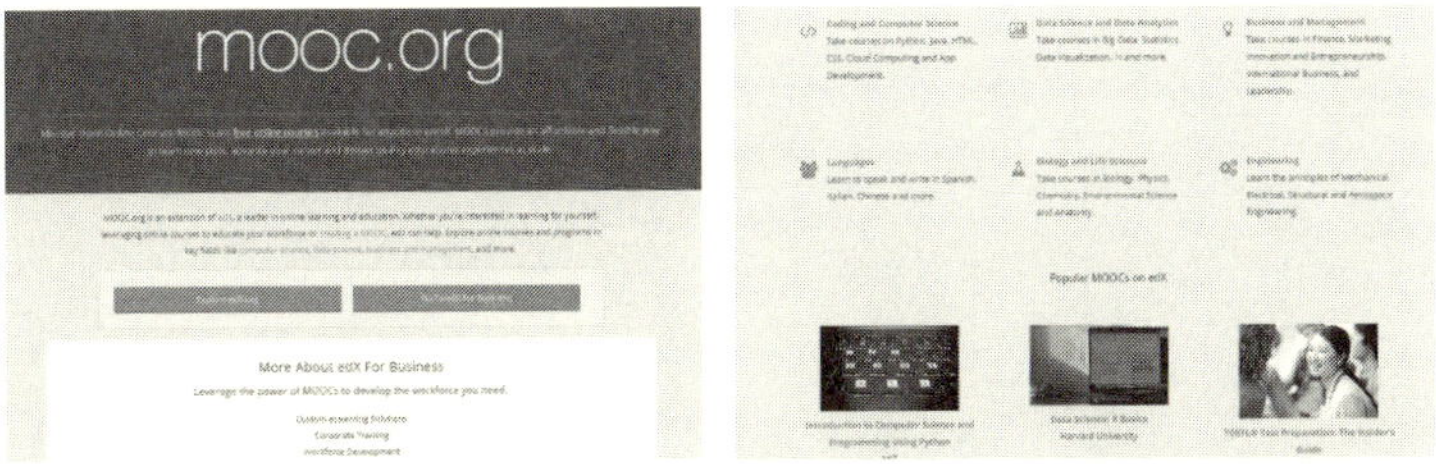

MOOC（http://mooc.org）

JMOOC（https://www.jmooc.jp/）

(http://mooc.org）もあります。ここには8万を超える講座があり、一部の有料の講座以外、ほとんどの講座を誰でも無料で受講することができます。講座は、最新の先端技術、ビジネススキルから芸術まで広くカバーされています。

日本のMOOCとして「JMOOC」（https://www.jmooc.jp/）もあります。日本最大のオンライン大学講座で、140講座で50万人以上が学習しています。

生涯現役であるためには生涯学習は必須です。

たとえどんなに身体的に制約ができたとしても、インターネットが大きな助けになってくれることは間違いありません。

「**Never too old to learn（学ぶのに遅すぎるということはない）**」です。

自由に学ぶためにも、ぜひシニアのみなさんにインターネットでつながってほしいのです。

学び始めたときは一人でも、同じ興味を持つ学友たちと出会い、仲間の輪が大きく広がるかもしれません。

パソコンやタブレット、インターネットさえあれば学びの輪に簡単に加わることができます。興味を引かれるものがあったら、ぜひ新しい世界の扉をたたいて、一歩足を踏み入れてみてください。

第7章

「怖い」を払拭！
インターネットを
安全に使いましょう

シニアがインターネットに不安を感じる理由とは？

インターネットは便利だとわかっていても、利用するとなると不安を感じるという人も多いのではないでしょうか？

私たちは、「シニアがインターネットを利用していて不安を感じることとは何か？」ということについても考察してきました。

総務省が平成30年に公表した「平成29年通信利用動向調査」内にある「インターネット利用上の不安」という調査に、その結果がよく表れています。

80歳以上の78・9％がインターネット利用時に「不安を感じる／どちらかといえば不安を感じる」と答えています。しかし、不安を感じているのはシニアだけではありません。12歳以上のインターネット利用者の66・8％が「不安を感じる／どちらかといえば不安を感じる」と答えているのです。

インターネット利用における不安の内容（個人）

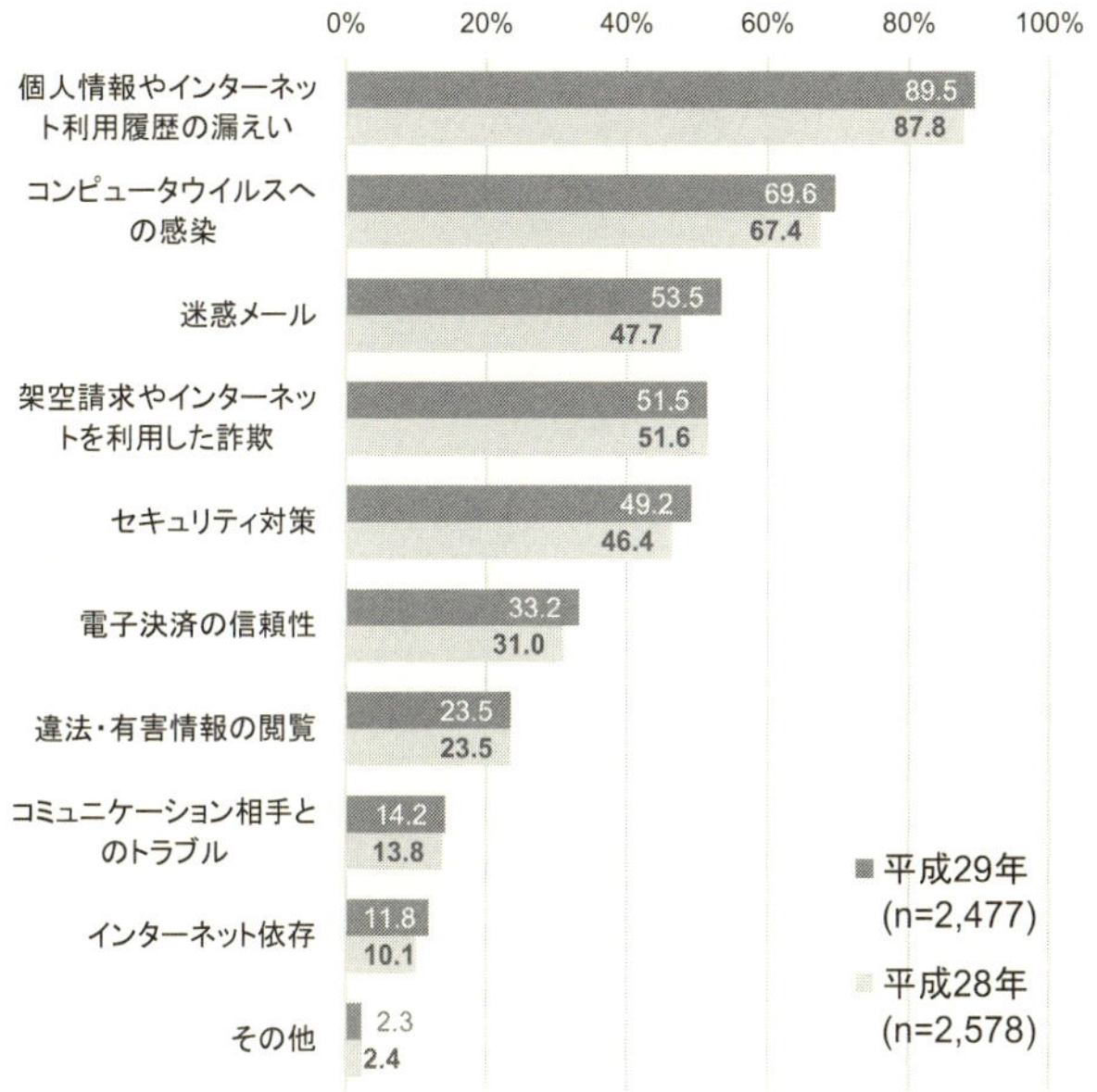

総務省「平成29年通信利用動向調査」

そして、「不安を感じる／どちらかといえば不安を感じる」と答えた人の「不安の内容」の内訳は、上のグラフのとおりです。

ほぼすべての項目で、前年よりも％が上がっているというのも特徴的です。

最近は、ニュースでインターネットを使ったさまざまな犯罪が報じられることも多いので、「インターネットは怖い」と感じるのも当然といえるでしょう。

また、私の周りには「今さらインターネットで何をするの？」と息子や娘にいわれて断念したという人も少なくありません。シニアの場合、周りの人からの言葉でさらに不安をあおられるというところもあるかもしれません。

でも、インターネットは怖がって使わないでいるのはもったいないほど便利です。やみくもに怖がっていないで、**安全に使うポイントをしっかり知って、できるだけ安全に使う**ということが重要なのです。

インターネットサイトを安全に見る方法

インターネットの使い方にもいろいろありますが、もっとも使用頻度が高いのは検索アプリを使っていろいろな調べものをすることでしょう。

第4章で紹介したように、標準アプリの「Ｓａｆａｒｉ」を使うと、インターネット上にある情報を検索することができます。

生活に直結するさまざまな情報を手軽に得られるので、ニュースも、今話題になっていることも知ることができます。社会から疎遠になりがちなシニアにとって、頼りになる存在といえます。

インターネットのサイトで情報を見るところから始まって、ネットショッピングをしたり、Ｆａｃｅｂｏｏｋを開設したり、ＬＩＮＥで友だちとメッセージをやりとりするなど、どんどん楽しさは増えていくはずです。

おそらく、インターネットを始めたころは「怖い」という気持ちもあって、警戒しながら使うと思います。

でもだんだん慣れてくると、その警戒心が薄れてしまいます。そういうときにトラブルに遭う人が増えるのです。

私たちの生活を便利にしてくれるインターネットですが、その中にはさまざまな危険が潜んでいます。悪意をもって罠をしかけてくる人がいなくなることはなく、その手口はますます巧妙化しています。

正直にいうと、絶対安全という方法はありません。でも、**心がければ、危険を察知したり、判断したりすることはできる**ようになります。楽しくインターネットを使うために、危険を察知・判断する力を高めていきましょう。

大きな被害や影響を受けないために、気をつけたいポイントをあげておきます。

●インターネットの情報をうのみにしない

インターネット上には、世界中から発信された、ありとあらゆる情報があふれています。しかし、すべてが正しい情報というわけではありません。

すぐにウソとわかる情報や、根拠のあいまいな情報を事実のように書いてあるものもたくさんあります。

そういった事実ではない情報に惑わされないようにするために、以下のようなことを心がけるようにしてみてください。

・サイトの発信元を確かめる…公的機関やコンプライアンス（法令順守）のしっかりした企業の公式情報であれば、信頼性が高いといえます。

・サイトの作成日時を確認する…それが作成されたときには最新情報であっても、すでに過去の情報になっている可能性があります。とくに統計データなどは、いつのものか確認することも大切です。

・複数のサイトを確認してみる…1つのサイトの内容だけを信用するのは危険です。同様のサイトをいくつか見てみると、それが事実なのかそうでないのかがおのずとわかってきます。

●IDとパスワードをしっかり管理する

インターネット上のサービスを利用するときに、本人かどうかを確認するために

IDやパスワードが使われます。
このIDやパスワードが盗まれてしまうと、第三者があなたになりすまし、情報を盗んだり、ネットバンクの預金を盗んだりといった不正行為がおこなわれる危険性が生じます。

IDやパスワードを盗まれないように、以下の点に気をつけてみてください。
・安全なパスワードを設定する… 他人が推測したり、割り出したりしにくいものにします。名前や生年月日などの個人情報から推測しやすいパスワードは危険です。アルファベットと数字を混ぜて、長めの文字数にすると安全度が高まります。
・パスワードを複数のサービスで使い回さない… あるサービスからIDやパスワードが流出してしまった場合、それを使って他のサービスにも不正にログインされてしまいます。被害を最小限に抑えるためにもIDやパスワードはその都度、変えるようにするのがベストです。
・パスワードは秘密にする… 安全なパスワードを設定しても、パスワードが他人に知られてしまったら意味がありません。パスワードを書いたメモを見えるところに貼ったりしている人は要注意です。第三者に知られないようにしてください。電子メールに書いてやりとりしたりするのも危険です。

●ウイルス感染に注意する

悪性のホームページに接続することでウイルスに感染することがあります。不審なメールや迷惑メールに記載されたアドレスや、ＳＮＳ内などに記載されたアドレスにむやみに接続しないことが大切です。

最近は、**無料のウイルス対策ソフトのように見せかけて、ウイルスをインストールさせる手口**による被害が増えています。代表的なものは、「あなたのコンピュータはウイルスに感染しています」といったメッセージを表示し、ニセモノのウイルス対策ソフトのダウンロード用サイトに誘導し、ウイルスをインストールさせるというものです。突然そういった画面が出てきても、あわててそこに書いてあるリンク先に接続したり、ソフトウェアのダウンロードやインストールをおこなったりしないようにしてください。

自分が発信者になるときも注意が必要です

ＦａｃｅｂｏｏｋやＴｗｉｔｔｅｒ（ツイッター）などでコメント書き込んだり、情報を発信したりするときには、情報の取り扱いに気をつける必要があります。**インターネットでは、驚くほど速く、広く情報が広がってしまいます。**そして、一度広まってしまった情報を完全に消すことはとても難しいのです。ですから、あとでトラブルにならないように、発信するときに自分で気をつけることが重要です。

ポイントをあげてみます。

●個人情報を書き込まない

自分の住所や電話番号、メールアドレスなどを書き込まないようにします。自分のものだけでなく、家族や友だちなどの個人情報も同様です。

インターネットは誰が見ているかわからないため、情報が悪用されたり、思わぬ被害を受けたりする危険性があるからです。

それが友だち限定で公開しているSNSであっても、プライバシー設定が不十分だったり、友人にそのページを引用されたりするなど、意外なきっかけで広まってしまうことがあります。つねに「これはインターネット上のページだ」ということを忘れずに、書き込む内容には十分に気をつけてください。

●不注意な発言を書き込まない

人の誹謗中傷や、見る人を不快な気持ちにさせるような内容を発信しないように注意が必要です。

たとえあなたに悪気がなくても相手が不快に思うこともあります。ともすれば、あなたの不注意な発言が、多くの人の非難を呼んだり、自分や所属する組織の評判を失墜させたりする事態にもなりかねません。
情報を公開する範囲、書き込む内容、そしてそれを書き込んだ結果どんな影響が起こる可能性があるかをつねに意識をしながら情報発信してください。

また、他のサイトやSNSに記載されている記事や写真、動画などを、むやみに自分のSNSなどに転載するのも問題です。もし、あなたの書いた記事や写真を知らない誰かのSNSに無断で転載されたとしたら、いい気持ちはしませんよね？そういうことを自分がやらないようにすることが大切です。ときには著作権を侵害してしまうこともあるので注意してください。

事前に、掲載してもいいかきちんと考えてみることが大事です。相手に掲載や転載の許可をもらう必要もあるかもしれません。

●写真の位置情報の流出に気をつける

ＧＰＳ機能のついたスマートフォンやデジタルカメラで撮影した写真には、撮影日時、撮影場所の位置情報（GPS情報）、カメラの機種名といったさまざまな情報が含まれている場合があります。写真上に書かれているわけではないので、なかなか気づけないところがやっかいです。

そういった情報がついた写真をインターネット上に掲載してしまうと、自分の家や居場所が他人に特定されてしまう危険性があります。それによって、ストーカーや迷惑行為といった犯罪を招くこともあるので注意が必要です。

まずは写真にそういった情報をつけないように、カメラの設定を変更しておいてください。

また、撮った写真に含まれている情報を表示できるアプリや、写真に含まれている情報を編集・削除できるアプリもあるので、そういったものを利用してみるのもおすすめです。

Ｆａｃｅｂｏｏｋを安全な設定にする方法

Ｆａｃｅｂｏｏｋは、自分が掲載した情報の公開範囲を細かく設定できるので、他のＳＮＳにくらべて安全性は高めといえます。でも、きちんと設定していなければせっかくの機能も意味がありません。設定を確認しておきましょう。

●個人情報を公開しない

住所も電話番号も公開の必要はありません。

設定を確認・変更するには、Ｆａｃｅｂｏｏｋのメニューが並んでいる部分にある、３本の横棒のようなマーク［その他］をタップします。［設定とプライバシー］↓［設定］の順にタップ。［プライバシー］↓［プライバシー設定］を選択。［プロフィールを管理］の中に項目が並んでいるので、必要に応じて設定します。

設定の変更は、項目の右側についているボタンでおこないます。

「公開」はすべての人に公開、「友達」はＦａｃｅｂｏｏｋでつながっている友だちに公開、「自分のみ」は公開されません。

●限定した範囲で交流を始める

自分のタイムラインに他人からの書き込みができないように設定することもできます。

「秘密のグループ」をつくり、限られたメンバー同士だけの交流をすることもできます。「秘密のグループ」に設置すると、メンバーもグループ内の投稿も外部の人に見られることはありません。

●むやみに「友達リクエスト」を承認しない

個人で開設しているＦａｃｅｂｏｏｋは、公開範囲が「Ｆａｃｅｂｏｏｋの友達」に限られていることがほとんどです。

すでに知っている人に「友達リクエスト」を送って友だちになり、書き込みや写真を確認しあったり、コメントをしあったりするわけです。

ところが、知らない人から「友達リクエスト」がくることがあります。

私の周りでも「知らない人から友達リクエストがきたらどうしたらいいのか」という声を聞きます。

私は、「実際に会ったことがある人」「友達リクエストの挨拶がきちんとしている人」以外の申請は受け入れないことをおすすめします。

まったく知らない人から友達リクエストが送られないように設定もできます。申請できる人を「友達の友達まで」に設定しておくのがおすすめです。

シニア向けのセキュリティ対策を配布しています

インターネットを使ううえで、**安全対策に「絶対」という方法はありません。**交通ルールのように「安全のためにこれを守りましょう」というような決まったルールがあるわけでもありません。

より安全に使うために大切なのは、**どんな危険があるのかということをきちんと知っておくこと**です。

最近、シニアが巻き込まれがちなのは、**インターネット上でのオレオレ詐欺的なトラブル**です。

突然不審なメールがきて銀行口座やパスワードなどの個人情報を聞かれたり、ニセモノの画面を表示して金銭を要求するようなサイバー攻撃を仕掛けられたりといった手口です。

私のｉＰａｄ、ｉＰｈｏｎｅの勉強会では、その日のテーマに加え、その時々に起きているトラブルの事例を紹介し、安心・安全なネット活用についての注意を喚起しています。

私のところにもよくスパムメール（無差別かつ大量に一括してばらまかれるメール）がきます。スパムメールがきたからといって不安を感じる必要はありません。きちんと対応すれば問題ないからです。

しかしながら、シニアはそういった対処についてあまり情報をもっていないので「怖い」と感じてしまいがちです。それが「インターネットは怖い」と思うことの原因になっているのではないでしょうか？

ｉＰｈｏｎｅやｉＰａｄはウイルス感染しないといわれていますが、脅威はウイルスだけではありません。

ニセモノのサイトをつくってＩＤやパスワードを入力させて盗もうとしたり、危険なサイトに誘導して不正請求画面をしつこく表示させたりと、その手口はじつにさまざまです。

ｉＰｈｏｎｅやｉＰａｄだからといって安心してはいられません。

しかし、何をしたらいいのか、迷ってしまうシニアが多いのが事実です。

そこで、私たちはセキュリティの専門会社のトレンドマイクロ社と協力して「**シニア向けセキュリティ対策ガイド**」を作成しました。

インターネット初心者のシニアが、セキュリティに関する疑問や不安を解消し、安心して利用するために最初に知っておきたいセキュリティ対策について、イラストを交えてわかりやすく解説しています。すでにスマートフォンを利用している人にも再確認してもらいたい内容です。

トレンドマイクロのウェブサイト（https://www.trendmicro.com/ja_jp/about/press-release/2018/pr-20180808-01.html）で、無料でダウンロードできるので、ぜひ活用してみてください。

「インターネットは怖い」という先入観を持つ前に、少し勉強して、楽しくインターネットを使いましょう。

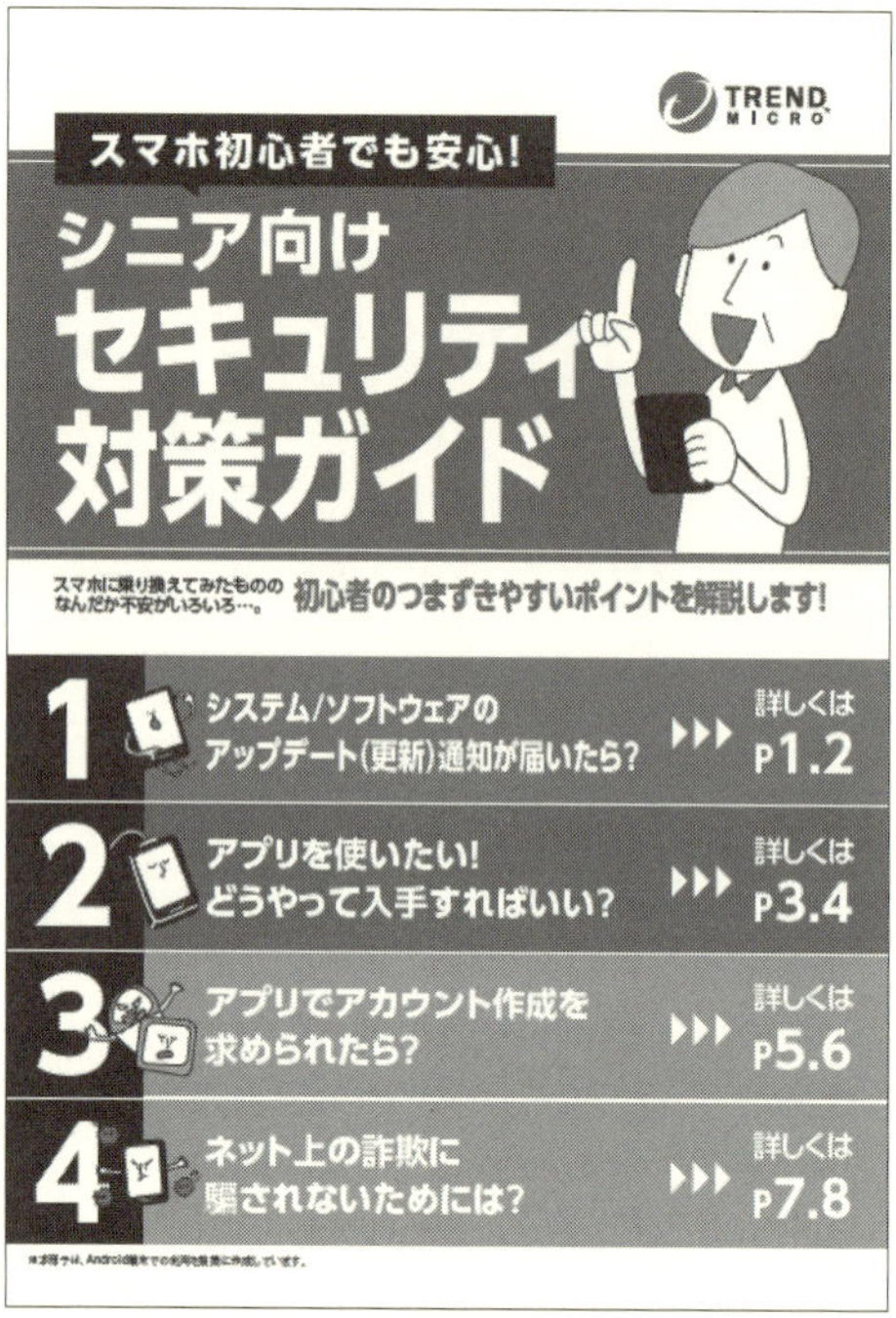

「シニア向けセキュリティ対策ガイド」表紙イメージ

第8章

デジタル資産も終活が必要です

新しい資産「デジタル資産」とは？

「デジタル資産」という言葉を聞いたことがあるでしょうか？　聞いたことがないという人も多いかもしれません。

「資産」と聞くと預貯金や株式、不動産などが思い浮かぶと思いますが、今やインターネット上の情報も資産のひとつと考えられています。

インターネット上の銀行口座や証券、仮想通貨などといったデジタル資産をはじめ、広義には、デジタル写真、映像、音楽など、**インターネット上に保管してある情報すべて**のことをさします。

インターネットバンクを使っている人はそこに預貯金があるでしょうし、ネット上で株の取引をしている人もいるでしょう。ＦａｃｅｂｏｏｋなどのＳＮＳ、ブログやサイトをやっている人は、そこでやり取りしたデータなどがたくさん蓄積されているはずです。

最近は「終活《しゅうかつ》」が流行っていて、人生の終わりに向けて、わりと早いうちから準備を始める人が増えています。

これからは、終活を考えるとき、デジタル資産のことも考える必要があります。

かつては銀行の通帳や紙の株券などがあったので、もし自分にもしものことがあったとしても、残された人たちが探し出すことができました。

しかし、デジタル資産は形には残りません。インターネット上に資産があっても、あなたが誰にも伝えていなかったとしたら、あなたがいなくなったあと誰もその存在に気づかないという恐れがあるのです。

また、家族には秘密にしているデータがあるという人もいると思いますが、自分が亡くなったあと、それがバレてしまうという恐れもあります。

こんな実例がありました。

突然、夫を亡くし、葬儀も終わってやっと落ち着きを取り戻しつつあった奥さんのところに、思いがけず証券会社から数百万円の請求書が飛び込んできたのだそうです。じつは亡くなった夫が内緒でインターネットで株取引をしていて、その損金支払いの請求書だったのです。奥さんは夫がインターネットで株取引をしていることを知らず、死後に残された書類の中にも何の記録も残っていなかったので気づくことがなかったのだといいます。

また別のケースでは、夫が亡くなったあと、夫が使っていたＳＮＳに夫のパスワードでログインしたところ、見知らぬ女性と交際している様子がわかるメッセージのやりとりと写真が出てきたといいます。

あなたは、自分にもしものことがあったときのデータの処理について考えてみたことはありますか？

インターネット上にはさまざまな個人情報が記録・保存されていて、自分の死後もそのまま残されてしまいます。家族や友人に迷惑をかけたり、不快な思いをさせたりしないように、デジタル資産の処分の仕方について考えておくことも重要になってきます。

デジタル資産は自分で整理しておきましょう

普段からデジタル資産をきちんとメモにリストアップしておくと、自分の資産管理に役立つだけでなく、自分にもしものことがあった場合にも家族が遺産に気づきやすくなります。

おすすめなのは、**デジタル資産の情報を紙に書き出し、預金通帳や実印などと一**

緒に保管しておくこと。そして年に1回、その紙に書いた内容を見直し、最新の情報にしておくという方法です。

リストにしておきたいのは以下のような項目です。
それぞれＩＤやパスワードをまとめておきましょう。

・スマートフォン
・パソコン
・インターネット銀行
・証券などインターネットの金融サービス
・ＳＮＳ（Ｆａｃｅｂｏｏｋ、Ｔｗｉｔｔｅｒなど）
・ブログ

他にあれば加えていくようにします。

年に1度の見直しは、元旦や自分の誕生日などに決めておくと、忘れることがなくなるかもしれません。

ただし、前述したように、ＩＤとパスワードはとても大切なものです。むやみに他の人の目に触れないように、しっかり管理するようにしてください。

Ｆａｃｅｂｏｏｋは残すこともできます

利用者本人が亡くなった場合のＳＮＳの管理は、それぞれのＳＮＳによって違うので確認しておくといいでしょう。

Ｆｅｃｅｂｏｏｋは利用者が亡くなった場合の対応についてしっかり決められているので、紹介しておきます。

もし自分が亡くなったあとＦａｃｅｂｏｏｋが放置されたままになっていると、自分の名前が他の人のＦａｃｅｂｏｏｋの「知り合いかも」の項目に表示されたり、友だちのFａｃｅｂｏｏｋの「今日は◯◯さんの誕生日です。お祝いメッセージを送ろう！」の項目に自分の名前が表示されたりといったことが起きます。

Ｆａｃｅｂｏｏｋには、学歴や職歴、写真や日記などの書き込みなど、個人情報がたくさん詰まっています。たとえ自分はもういないにしても、きちんと処理しておきたいものです。

Ｆａｃｅｂｏｏｋは、自分が死んだあとの処理を次の2つから選ぶことができます。

①追悼アカウントにする
②アカウント（Ｆａｃｅｂｏｏｋにログインするための権利）を削除する

①の「追悼アカウントにする」というのは、利用者が亡くなったあとで友だちや家族が集まり、その人の思い出を共有するための場所にするということです。

自分が死んだとき、それを知った誰かが「追悼アカウントのリクエスト」というページから申請をおこなうと、そのアカウントは「追悼アカウント」になります。

追悼アカウントになると、プロフィールにあるアカウント所有者の名前の横に「追悼」と表示され、誰もログインできなくなります。他の人の「知り合いかも」「誕生日のお知らせ」などの公開スペースにも表示されなくなります。友だちが、プライバシー設定に応じて追悼タイムラインをシェアしたり、写真などの投稿を見たりすることはできます。

追悼アカウントを他人に管理してもらいたいときは、パソコンのＦａｃｅｂｏｏｋのメニューが並んでいる部分にある、３本の横棒のようなマーク［その他］をタップします。［設定とプライバシー］→［設定］→［個人の情報］→［アカウントを管理］→「追悼アカウント管理人」の順に開きます。そして、「友達を選択」欄に管理してもらいたい人の名前を設定しておきます。

あらかじめ「追悼アカウント管理人」を決めておくと、依頼された人がＦａｃｅｂｏｏｋの一部の部分を管理できるようになります。そのため、故人となった自分のＦａｃｅｂｏｏｋページに通夜や告別式の告知を掲載してもらったりすることもできます。

「自分が死んだあとにFａｃｅｂｏｏｋのデータは残しておきたくない」という人は、②の「アカウントを削除する」を選ぶといいでしょう。

「追悼アカウント管理人」を設定しないでおき、自分の死後、家族にFａｃｅｂｏｏｋに「アカウントの削除」を申請してもらいます。アカウントの削除の申請は家族だけが可能で、各種の証明書が必要になります。

インターネット上のデジタルデータは重要な個人資産です。最後まで自分で責任をもって管理するようにしましょう。

第9章

これから
シニアの生きる
世界はどうなる?

「人生100年」となった日本の現状は……

「2007年にアメリカやカナダ、イタリア、フランスで生まれた子どもの50％は、少なくとも104歳まで生きる見通しだ。日本の子どもにいたっては、なんと107歳まで生きる確率が50％ある」

これは、2016年に発売され、日本でも30万部を超えるベストセラーになった書籍『LIFE SHIFT（ライフ・シフト）―100年時代の人生戦略』（リンダ・グラットン、アンドリュー・スコット著／東洋経済新報社）で、人口学者たちの推計結果として示されたものです。

著者は英国の経営学者と経済学者で、人生100年時代に向けて、これまで80歳程度の平均寿命を前提に「教育」「仕事」「引退」の3段階で考えられてきた人生の道筋を抜本的に考え直すことの必要性が述べられた本です。

平均寿命の推移と将来推計

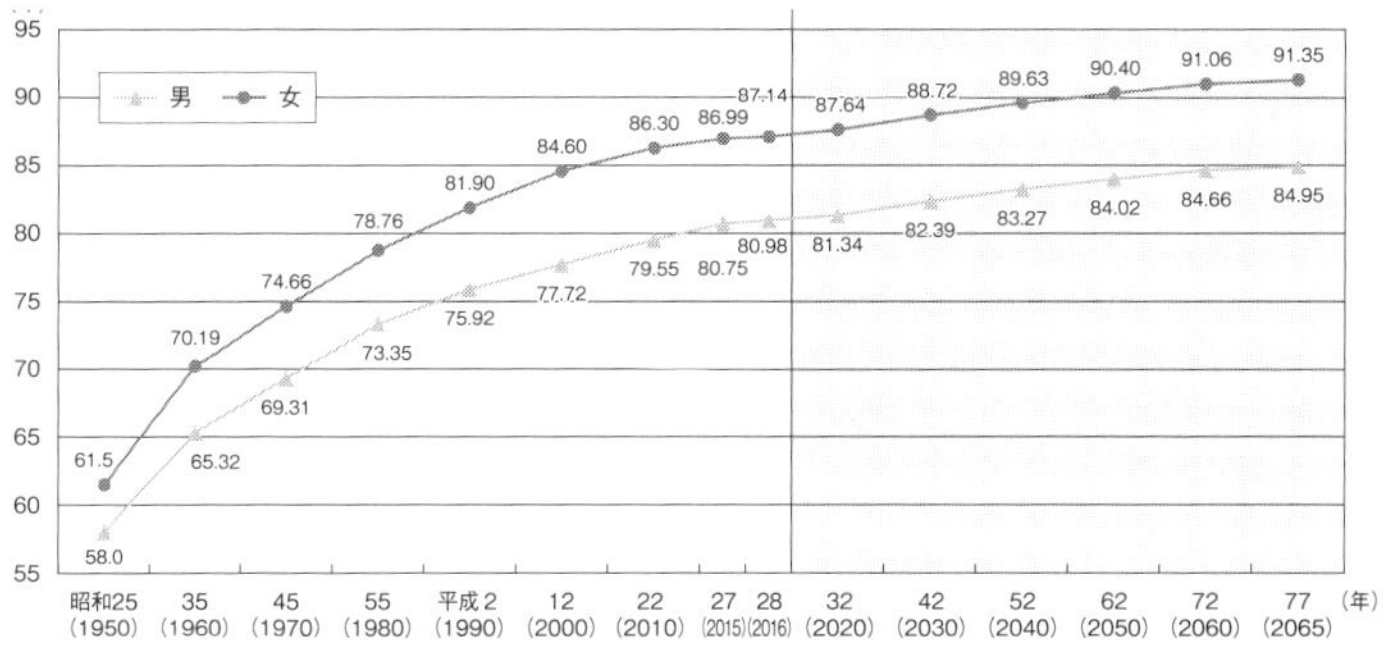

資料：1950年は厚生労働省「簡易生命表」、1960年から2015年までは厚生労働省「完全生命表」、2016年は厚生労働省「簡易生命表」、2020年以降は、国立社会保障・人口問題研究所「日本の将来推計人口（平成29年推計）」の出生中位・死亡中位仮定による推計結果

（注）1970 年以前は沖縄県を除く値である。0歳の平均余命が「平均寿命」である。

内閣府「平成30年版高齢社会白書」

著者たちは、「人生１００年の時代には、生活するためのお金を蓄えることだけでなく、変化し続ける環境に対応するために、**ライフ（人生）とワーク（仕事）のバランスが重要**」と説いています。

「人生１００年」という言葉がひんぱんに聞かれるようになった日本でも、この本は参考になる内容です。

もっとも、「日本の子どもは、１０７歳まで生きる確率が50％ある」というのは、やや大げさな感じもします。

内閣府が公表した「平成30年版高齢社会白書」では、日本の平均寿命は、

２０１６年時点では、男性80・98年、女性87・14年。その後、２０６５年には、男性84・95年、女性91・35年となるという見込みです。女性は90年を超えると予測されていますが、『ＬＩＦＥ ＳＨＩＦＴ』で推測された寿命に達するまでは、もっともっと時間がかかりそうです。

とはいえ、日本は世界有数の長寿国というのは事実です。

２０１７年９月に総務省から90歳以上の人口がついに２００万人を超えたことが報告されました。その後も増え続けています。

２０１７年の高齢者調査では１００歳以上は全国で６万７８００人で、この20年間で6・7倍に増えたといいます。総人口に対する65歳以上の割合は27・７％で、前年より0・5ポイント上がり過去最高を更新しています。

２０１８年７月には日本の最高齢者、１１５歳の田中カ子さんが長寿世界一になりました。じつは長寿世界一は日本人女性が続いていて、史上はじめて日本人が３

人連続で長寿世界一となったのです。

田中さんは1903（明治36）年生まれの115歳ですが、お元気で、テレビの取材に「死ぬ気がしない」「あと5年は生きられそう」と答えられていました。

日本人の長寿化は、生活環境の向上や、健康意識の高まりの結果と考えられています。「世界一の長寿国の日本に生まれてよかった」と思っている人も少なくないはずです。

しかし一方で、2018年1月の施政方針演説で、安倍晋三首相は少子高齢化問題を「『国難』とも呼ぶべき危機」と位置づけました。

この言葉はシニアの私にとって、とても衝撃的で、「政府は少子高齢化をなぜ『国難』などというのか?」と疑問を持たざるを得ませんでした。「すでに80歳を越えた自分が国に何か悪いことをしたとでもいうのか?」という思いにさいなまれます。

シニアの私たちは、戦争のどん底から世界有数の国へと再起していく日本を支えてきた自負がありました。しかし、ふと気がつけばどこか歪んだ日本になっていて、この現実にただ驚くばかりです。

たしかに、今までにない少子高齢化を迎えている日本は、今まで体験したことのないさまざまな問題や社会現象にも直面しています。

高齢化により認知症者なども増え、医療費や介護費の増大などの社会負担が増大しています。その負担は若手が背負うことになり、それが若者たちの未来への希望をそぐ一因になっているともいわれています。

また、高齢化によって高齢者の一人暮らしが増え、孤独な生活をしている高齢者への対応も深刻な社会問題になっています。

なかでも男性は深刻です。

国立社会保障・人口問題研究所のデータに、一人暮らしの65歳以上に「日頃ちょっとした手助けを頼れる人の有無」を聞いた調査があります。その結果、「いる」と答えたのは、男性は約54％、女性は約80％。「いない」と答えたのは、男性は約30％、女性は約9％。男性の孤立が浮き彫りになっています。

また、介護でも「頼れる人がいない」と答えたのは、男性は約58％、女性も約44％という結果で、介護も大きな問題となっています。

世界の国々もどんどん高齢化に向かっています

高齢化しているのは日本だけではありません。

WHO（世界保健機関）も、高齢化について「ほぼ全ての国において、平均寿命の伸びと出産率の低下により、60才以上の人口は、どの年齢層より急速に伸びています。この人口の高齢化は、公衆衛生政策と社会経済発展の成功によるものといえる一方で、高齢者の健康、身体機能、及び社会参加、社会保障を最大限にするために、社会が適応していかなければならない課題でもあります」と述べています。

ただし、高齢化に対して悲観的というわけではなく、「高齢化と都市化はともに世界的な傾向であり、21世紀を方向づけるうえで大きな影響をもたらします。都市が発展するのに伴い、60歳以上の住民の割合も増加しています。高齢者は、家庭や地域社会、経済活動などにおいて、重要な貢献を果たしています」という評価も示しています。

そして、WHOは２００７年に、「アクティブエイジング（生活の質を低下させることなく、社会参加を続けながら、年を重ねていくこと）」のために、高齢者に優しい都市づくりをめざすプロジェクト「エイジフレンドリーシティ（Age-Friendly Cities）」を提唱しました。

また、それに向けた各地域における取り組みの支援の一環として、２０１０年にグローバルネットワーク「エイジフレンドリーシティーズ・アンド・コミュニティーズ」も設立されました。

ネットワークは、２０１７年11月時点で、37カ国５３３の市町村とコミュニティが参加し、全世界で１億５８００万人以上を網羅する国際的なネットワークへと成長しています。

日本は高齢化が世界でもっとも進んでいるのに、グローバルネットワークに参加した自治体は２０１１年の秋田市、２０１６年の宝塚市だけでした。しかし、エイジフレンドリーシティーへの注目や関心が高まり、２０１７年には神奈川県の19市町がグローバルネットワークに参加しました。

日本の自治体が知識や経験、成功例を発信することは、ネットワークにとって大きな貢献を果たすことになるでしょう。また、日本の自治体も、ネットワークから知識や経験などを得ることができ、自らの町づくりに役立てられるでしょう。

日本人の健康や長寿には「つながり」が重要

日本人が長寿なのは、おもに「遺伝子」「生活習慣」「優れた保険医療制度による医療」によるものと、長いあいだ考えられてきました。

しかし、それだけでは説明がつかないと考えたハーバード大学の社会疫学研究者たちは、アメリカや日本を含む世界の国と地域で大規模な調査をおこないました。そして、「日本の中にある『ソーシャル・キャピタル』が長寿と健康に大きく関係している」という研究結果が発表されたのです。


「ソーシャル・キャピタル」というのは、「お互いさま」や「持ちつ持たれつ」といった連帯意識のことです。

よくいわれることですが、日本人は助け合いの気持ちが強く、他人を信頼する気持ちの強い国民です。最近はそういう傾向が薄まっているといわれますが、他の国々とくらべれば、まだまだソーシャル・キャピタルは高いといえるでしょう。

さらに、日本の中でも、周りの人たちとの信頼感が強い地域ほど高齢者の健康度が高いという結果が示されました。

つまり、**協力しあい、信頼しあえる人とのつながりが、健康や長寿の源になって**

いるというわけです。

ところが、昨今は、身体の衰えで若いときほど外出しなくなったり、一人暮らしになったりといった理由で、高齢者が人と接する機会はどんどん少なくなっています。

高齢者が人とのつながりをつくるためにはどうしたらいいか?

私はインターネットなどのIT（ICT）が役立つと考えています。

そう考えるのは私だけではありません。2018年3月の日経新聞で「総務省は2018年度、情報通信技術（ICT）の機器の使い方を身近な高齢者や障害者に教える『ICT版民生委員』の制度をつくる」と報じられました。

「ICT版民生委員」というのは、身近な高齢者や障がい者に、情報機器などの使い方を教えるという制度です。

現在、高齢者や児童といった地域住民の生活を手助けする民生委員がいますが、そのICT版というわけです。

「今後、あらゆるモノがネットにつながるＩｏＴや、人工知能（ＡＩ）を使った高度な機器が家庭に浸透していくことを見越し、ＩＣＴ版民生委員が新しい情報通信技術を手厚く伝えることで、誰もがそのメリットを受けられるようにする」ということなのです。

「ＩＴなんて無理」と思っている人もいると思いますが、もう逃げられません。便利に楽しく生活していくためにも、健康で長生きをするためにも、これからますますシニアにとってＩＴは必須になっていくのです。

これからどんどん増えていくシニアがインターネットでつながることで、大きな存在感を発揮できるようになります。

新しい生活文化や生きがいを知ったり、社会貢献ができるようになったりします。また、新しい価値観や文化、産業、サービスといったものもさらにたくさん生まれていくでしょう。

つながることでシニアは重要な存在になっていきます。

今は「社会から支えられるシニア」かもしれませんが、これからは「社会を支えるシニア」になっていかなければいけないと私は考えています。

シニアフレンドリー社会を実現するために

ここでは、シニアのみなさんに向けてではなく、社会や企業に向けてシニアの私から提言したいと思います。

これからお話しするのは、実際にシニアの私が、今までのさまざまな仕事や経験の中から感じてきたことです。シニアフレンドリー社会を実現するために、定年でシニアを社会に送り出す企業、そして、シニア向けのビジネスをおこなっている人・考えている人に提言したいのです。

●定年前にＩＴリテラシーを高める教育が必要です

毎年定年でシニアを社会に送り出す企業への提言です。

企業は、新入社員に対して入社時に「入社教育」をおこないますが、会社を卒業していく人への「卒業教育」はほとんどおこなわれていません。

今の時代は、定年後のシニアにとってパソコンやインターネットは社会とつながる重要なツールです。ビジネスやボランティアを始めたい人はもちろん、日常生活でも大事なツールです。

ぜひ定年後にシニアたちが自分のパソコンやインターネットを立ち上げられるように、ＩＴ知識や利用能力を上げるための「卒業教育」をしてあげてください。

それがシニアフレンドリー社会の実現にも大きなプラスになります。

●情報機器のシニア対応の窓口が必要です

「パソコンを新しくしたい」「ガラケーからスマホにしたい」「タブレットを使いたい」

など、情報機器について興味を持っているシニアは少なくありません。

そこで、詳しく説明してもらいたいと思って家電量販店などに行くのですが、多くの若い店員さんたちの言葉についていけないシニアが多いのです。

「諦めてすごすごと退散した」とか「よくわからないまま購入してしまい後悔した」という話もよく聞きます。


多くのシニアは、カタカナ用語や専門用語になじみがないので、苦手です。また、最近の情報機器は機能がもりだくさんのため、覚えきれません。通信料金などの料金体系も複雑で、説明を聞いてもよくわかりません。


ぜひシニア対応の窓口をつくってもらえないでしょうか? できれば、シニアの不安や期待を理解してくれるシニアのスタッフを配置してもらえないでしょうか?

初心者のシニアにたくさんの機能は必要ありません。自分が必要な機能があって、使いやすいアイテムがほしいだけなのです。

●ネットショップでシニア向けの説明が必要です

最近はインターネットで買い物をするシニアも増えてきています。

とくに地方では販売店舗が減っているという理由から、都会であっても買い物に行くより家で注文するほうが便利といった理由から、シニアをネットショッピングに向かわせているのです。

インターネットで買い物をするとき、シニアには悩みがあります。

それは、商品検索をすると、あまりにもたくさんの類似の商品が表示され、どれを選んだらいいのかよくわからないということです。「それがシニア向けの商品かどうか知りたいのに、わからない」という声もよく聞きます。

「インターネットで購入したけれど、使ってみたら自分が希望していたものではなかった」「届いた商品が、思っていたものとは違った」という理由で、購入したことを後悔したというシニアも、私を含めたくさんいます。

ぜひとも、インターネットショップで、シニア向け商品のコーナーや、シニア向けの説明を入れたラベルをつけた商品のコーナーをつくってもらえないでしょうか?

これからシニアの数はどんどん増えていきます。インターネットを駆使し、ネットショッピングを楽しむシニアもどんどん増えていきます。きっとシニアは重要顧客になっていくはずです。

●「シニアフレンドリー」な経営ポリシーが必要です

日本の人口の28%が65歳以上の高齢者となりました。2025年には団塊の世代が75歳を迎えます。ますます高齢化が進み、少子高齢化で労働者が不足していきます。

社会の約3分の1がシニアとなる社会に向かって、みなさんの会社や活動はシニアに対してフレンドリーな対処を考えているでしょうか?

シニアを対象としたビジネスを考えている企業は決して少なくないように思えます。私のところにも、ときどきシニア向けと称する商品の評価依頼があります。しかし、その多くは既存の製品とほとんど変わらず、シニアのニーズとはほど遠いものなのです。

そういうとき、私が思うのは「なぜ開発の時点からシニアの意見を入れないのだろうか？」ということです。

ユーザーはシニアなのです。

ぜひ企業理念に「シニアフレンドリー」を入れ、シニア向けビジネスやサービスの企業としてアピールしてください。

その理念がきちんと伝われば、シニアたちは安心して製品やサービスを購入してくれるでしょう。そして、購入者たちからいろいろなフィードバックをもらうことで製品の性能やサービスの向上をはかれるのではないでしょうか。

第10章

「一般社団法人アイオーシニアズジャパン」とその活動

シニアの生き方「ＩｏＳ」を掲げて81歳のときに起業

定年を迎えて誰しもが考えることは**「定年後の生き方をどうするか」**ということです。

私がフルタイムジョブをリタイアしたのは２０００年でした。

私は与えられた自由な時間をどう楽しむかとともに、だんだん疎遠になる社会との接点をどう維持して、社会から孤立したり、孤独になったりしないために何をすればいいのかを考えました。

リタイアしたのは63歳でしたが、私は自分の人生をいちおう80歳までと設定しました。そうすると、残されたのは17年ほどです。

まずは、これからの社会はどうなっていくのか、そしてその中でどう生きていけばいいのかといったことを考えてみました。

大きな社会トレンドとして浮かんだのは、ますます高齢化が進むであろうということ、そして、ますます通信技術や情報化技術が進化するであろうということです。そこで、高齢化していく自分を実験台に**「高齢化社会と情報化社会の融合」**というテーマをライフワークにしていくことにしたのです。そして、**インターネットを使った新しいスタイルのシニアビジネス**に挑戦しました。

多くの友人たちは「そんなことできるの?」と懐疑的でした。

ところが、海外を拠点にしたインターネットベースのシニアライフは、定年時に想定していた以上に快適で、私の自由時間を充実させてくれました。

さらに、インターネットなどの情報インフラの驚くべき進化によって、居ながらにして瞬時に世界とつながることができ、社会としっかりつながるシニアライフを可能にしてくれたのです。

私が当初の目標であった80歳を超えたとき、今度は「人生１００歳時代」といわれる社会になり、また新たな生き方が求められるようになりました。

私が100歳まで生きられるという保証はないのですが、気力から見ても体力から見ても、まだ何かやれそうな気がしました。

ただ、周りの同年代の仲間たちを見ると、明らかに老化は進み、一人暮らしが増え、要介護者も増えていました。こういった社会の中で、孤立しないように社会との接点を持ち続けるためには、ますますシニアのインターネットの活用が必要になっていき、インターネットはシニアの生活必需品になっていくと実感しました。

しかし一方で、シニアにとってインターネットを使いこなすことのハードルは高く、企業や行政などを含めて社会全体での支援が不可欠だと感じました。


そこで私は「すべてのシニアをインターネットでつなぐ」という理念の「Internet of Seniors（通称IoS）」という言葉をフラッグに、人生100歳時代での新たな生き方を提唱することにしました。

そして、この「Internet of Seniors」という言葉を商標登録したのです。

さらに、その理念を広くアピールする活動を推進するために、2017年12月1日に「一般社団法人アイオーシニアズジャパン」を立ち上げました。81歳での起業でした。

社名にあえて「ジャパン」と入れたのは、世界中が高齢化していく中で、この「Internet of Seniors」を共通のフラッグとして、日本から世界中に活動を広めたいと考えたからです。将来、「ジャパン」以外の国名の入った「アイオーシニアズ」が誕生することを楽しみにしているのです。

私が「ＩｏＳ」の言葉に込めた理念とは

起業したあと、周りの人たちから「『アイオーシニアズ』ってどんな意味なの？」という質問もたくさん受けました。

「ＩｏＳ」は私がつくった、まったく新しい言葉です。

そのため、インターネットで検索してもなかなか見つからず、「ＩｏＳ」を検索するとＡｐｐｌｅ社のＯＳ「ｉ０Ｓ」ばかりがヒットするという状況です。

似たような言葉に「ＩｏＴ（Internet of Things）」がありますが、これは「すべてのモノをインターネットでつなぐ」という意味です。

今までは一部の限られた分野のモノがインターネットにつながっていたのに対し、すべてのモノをインターネットでつなぎ、インターネットを通じて新しい製品やサービスを生み出すことをめざしたものです。

これが第４次産業革命をつくりだすといわれ、多くの企業がＩｏＴを旗印に活動を始めました。

「ＩｏＴ」という言葉は、今や新聞などでもひんぱんに使われていて、一般化しています。

私たちが提唱している「ＩｏＳ」は、いわば「ＩｏＴ」の人間（シニア）版です。「すべてのシニアがインターネットでつながることで、今まで個別に活動してきたシニアたちの持っている技術、経験、知識をインターネットを通じて共有し、新しいシニア社会をつくろう」という活動なのです。

私は「すでにインターネットは社会の基本的インフラとなっている。シニアたちがこれを活用できないことは大きな社会損失になる。シニアたちにインターネットでつなぎたい」という強い思いを持って活動しています。

しかし「ＩｏＳ」は新しい言葉のため、認知度がまだ低いのです。

まずは「ＩｏＳ」という言葉を知ってもらい、理解してもらうことを最優先に、多くのシニアたちにインターネットを活用できるようになってもらうための活動から始めています。

一般社団法人アイオーシニアズジャパンの主な事業

一般社団法人アイオーシニアズジャパンの事業は、シニア層に特化したものを中心に、それ以外の多くの事業もおこなっています。

シニア層に特化した事業は、以下のような内容です。

①インターネット、ＩＴ技術などに関する知識・技術の普及、啓発、啓蒙に関する事業

②ソフトウェア、ウェブコンテンツなどの企画、開発、制作、販売、運用、配信、保守管理と、それら業務の受託に関する事業

③各種講演会、交流会、セミナー、シンポジウム、イベントなどの企画、立案、実施、運営、講師の請負や紹介に関する事業

④各種人材の育成、研修、指導に関する事業
⑤出版業、執筆業、書籍、雑誌、教材などの企画、デザイン、編集、印刷、制作、発行、販売に関する事業
⑥コンサルティング、カウンセリング、コーチングなどに関する事業
⑦各種文化教室、レッスン教室、カルチャースクールなどの運営、管理に関する事業

また、シニア向けの先端的技術開発、商品開発をおこなっている企業や研究機関と提携を推進し、その開発の支援もしています。

今までほとんどつながることのなかったシニアと若手の交流を重視した「多世代共同イノベーション」の推進もおこなっていて、アイオーシニアズジャパンの大きな活動となっています。

人類の歴史の中で「高齢化社会」と「情報化社会」を同時に経験するのは、はじ

めてのことです。この2つによってつくりだされた新しい社会を生きることは、誰も経験したことのないチャレンジなのです。

その中でもっとも高齢化が進んでいる日本で、私たちは世界に先駆けて、新しいシニア世界の構築をめざしています。

一般社団法人アイオーシニアズジャパンでは、「すべてのシニアをインターネットでつなぐ」という理念に賛同し、活動に共感していただける個人のみなさん、企業などの法人に賛助会員になっていただき、活動を進めています。

新しいシニア社会の構築を、「ＩｏＳ」という共通の旗印のもとで、たくさんのみなさんとお互いに協力しながら推進していきたいのです。

たくさんのみなさんの参加をお待ちしています。

詳しくは「一般社団法人アイオーシニアズジャパン」のウェブサイトをご覧ください。

一般社団法人アイオーシニアズジャパン https://seniors.or.jp/

おわりに

私は今、もうとっくにこの世にいないはずと思われていた人生に、まだ存在していることに不思議な感じさえしています。

B―29からの焼夷弾の雨、地上すれすれの艦載機からの機銃掃射。食べるものもなく空腹の毎日。そしてその後の日本の高度成長。

こうして幸運にも生き残っている毎日は本当に貴重で、いただいている命を大切にしていきたいと心から感じています。

そんな中でもっとも強く思うのは、日本に生まれてきたことへの感謝と、残された人生で日本にささやかな恩返しができないだろうかということです。

82歳の今、人生１００歳時代に向かってのこれからの私の余生は、今まで人類が経験したことのない高齢化社会であるとともに、世界中が一瞬でつながる情報化社会の中にあります。

私はフルタイムをリタイアして18年になりますが、そのあいだ「高齢化社会と情報化社会の融合」をライフワークのテーマにしてきました。18年前の当時はほとんど誰も関心を寄せていなかったテーマです。

ところが、「人生100年」といわれる時代になり、2018年春には総務省から「ICT民生委員」構想なるものが発表されるなど、高齢化社会と情報化社会についての問題が急速に取り上げられるようになりました。

私がライフワークとしていたテーマに、社会が近づいてきたように感じました。

しかし、日本は先進国の中でシニアのIT活用がもっとも遅れている国のひとつです。自らシニアのIT活用を試行してきた私は、そのことを身をもって実感し、残念に思ってきました。

それと同時に、「シニアが持っているたくさんの経験や知見、技術は貴重な社会的財産なのに、それが活かされていないのは、それを求めている人たちに広く伝わっていないからだ」という気持ちがますます強くなっていきました。

「このままではシニアの持つ財産が高齢化とともにどんどん消えてしまう」「もったいない」と思ったのです。

そこで「すべてのシニアをインターネットでつなぐ」という理念で「ＩｏＳ（Internet of Seniors）」を提唱し、２０１７年に「一般社団法人アイオーシニアズジャパン」を立ち上げました。そのいきさつは、本文でお話ししたとおりです。

「一般社団法人アイオーシニアズジャパン」ではさまざまな活動をおこなっていますが、もっとたくさんのシニアにインターネットの重要性と楽しさを知ってもらいたいと思っています。

そういう思いを、この本に込めています。

シニアにとって情報技術そのものを知ることはハードルが高いのですが、まずはその楽しみ方を知ることが重要な第一歩なのです。

そこで、ここでもう一度、この本で私が伝えたいメッセージをまとめておきたいと思います。

＊リタイア後、何もできることがないと思っているシニアへ

友だちが減って寂しい思いをしていませんか？　孤独の世界に入り込んでいませんか？　インターネットの向こうにはたくさんの友人・仲間が待っています。マイペースで新しい世界へ入りましょう。

＊自分にはインターネットは使えないと思っているシニアへ

若いころはＩＴがなかったため、基礎的な知識を習う機会がありませんでした。だから仕方ないんです。不安なのは当然です。でも、同じような仲間がたくさんいます。仲間を見つけて一緒に楽しみましょう。

＊新しい生き方を考えているシニアへ

みなさん、予想以上に長生きしそうだと感じていませんか？ 第2の人生の生き方を変えましょう。〝ライフシフト〟です。それまでできなかった、何か新しいことを始めましょう。

＊認知症が心配なシニアへ

誰にでも認知症になるリスクはありますが、認知症になりにくくしたり、進行を遅らせたりすることはできます。ＩＴもその助けになります。また、認知症の人の生活にもインターネットや情報機器などがおおいに役立ちます。

＊これからシニアになる人へ

人生１００歳時代が現実化しています。リタイア後の人生は、リタイアしてから考えるのでは遅すぎます。できるだけ早いうちから準備しましょう。インターネットや情報機器は不可欠なので、駆使できるようにしておくのがおすすめです。

＊シニア向けの商品・サービスなどを考えている人へ

今後はシニアのマーケットが大きくなっていきます。しかしそのマーケットは未開拓です。これからは、介護のためでなく、活き活きと元気なシニアのための商品やサービスも必要です。よりよい商品・サービスをつくるために、ぜひ開発初期からシニアを参画させてください。シニアの世界には独特のマーケット感覚が必要です。実際のシニアの声を反映させてもらいたいのです。

＊総務省の「ＩＣＴ版民生委員」に参加したい人へ

現在の民生委員（厚生労働省所管）は23万人規模といわれていますが、「ＩＣＴ版民生委員」もそれと同程度まで増やす計画とされています。自分の知識や知見を、ぜひ地域のシニアたちとシェアしましょう。自分の知識のブラッシュアップにもつながるはずです。

私たちが提唱するＩｏＳは、以下のようなことができる「すべてのシニアがインターネットで社会とつながった新しいシニア社会」をめざしています。

・シニアが社会貢献して「社会を支えるシニア」になる
・社会から孤立しない・孤独にならないシニアになる
・若者もシニアも、世代を越えて新しい友人になれる
・遠く離れていても、地域を越えてたくさんの仲間と交流できる
・インターネットで広い世界に接し、シニアの向学心や好奇心を高められる
・年齢とともに失われていく身体の機能をＩＴ技術でフォローできる

ＩｏＳでつながる社会は、縦社会ではなく横社会です。

高齢化と情報化の先進的立場にある日本の私たちシニアが、世界に向かって革新的な長寿社会を提言していきましょう。

故ジョン・F・ケネディ元大統領の「国があなたのために何ができるかを問うのではなく、あなたが国のために何ができるのかを問おう」という有名な言葉があります。

それと同様に、「社会が私たちシニアのために何をしてくれるのかを問うのではなく、私たちシニアが社会のために何ができるのかを問おう」ではありませんか！

最後になりましたが、82歳で出版するという背中をあと押ししていただき、その機会をくださったブレインワークス社の近藤昇社長をはじめ、いろいろアドバイスをいただきました竹守みどりさん、川上涼子さん、小高希久恵さんには心より感謝いたします。

2018年12月吉日　　牧　壮

著者プロフィール

牧　壮（まき　たけし）

シニアICTディレクター

一般社団法人　アイオーシニアズジャパン代表理事
牧アイティ研究所代表
e-senior® IT活用研究会主宰
一般社団法人
アイオーシニアズジャパン公式サイト
https://seniors.or.jp/

1936年、山口県下関市生まれ。慶応義塾大学工学部卒業後、旭化成工業株式会社入社。旭メディカル常務取締役、シーメンス旭メディテック副社長、旭化成情報システム社長を歴任。1999年にリタイア後、マレーシアでインターネットビジネスを実践。75歳で帰国し、中小企業の経営情報化支援の傍ら、「新老人の会」（SSA）を立ち上げ、シニアのためのインターネット教室を主宰。81歳で一般社団法人アイオーシニアズジャパンを設立。IoSの啓発活動を展開中。

一般社団法人
アイオーシニアズジャパン公式サイト
https://seniors.or.jp/

シニアよ、インターネットでつながろう!

2018年12月10日〔初版第1刷発行〕

著　者　牧　壮
発行人　佐々木紀行
発行所　株式会社カナリアコミュニケーションズ
〒141-0031　東京都品川区西五反田6-2-7
ウエストサイド五反田ビル3F
TEL　03-5436-9701　FAX　03-3491-9699
http://www.canaria-book.com

印刷所　株式会社報宣印刷
編集協力　小高希久恵
装丁/DTP　岡阿弥吉朗（エガオデザイン）

ISBN 978-4-7782-0444-0　C0036

カナリアコミュニケーションズの書籍のご案内

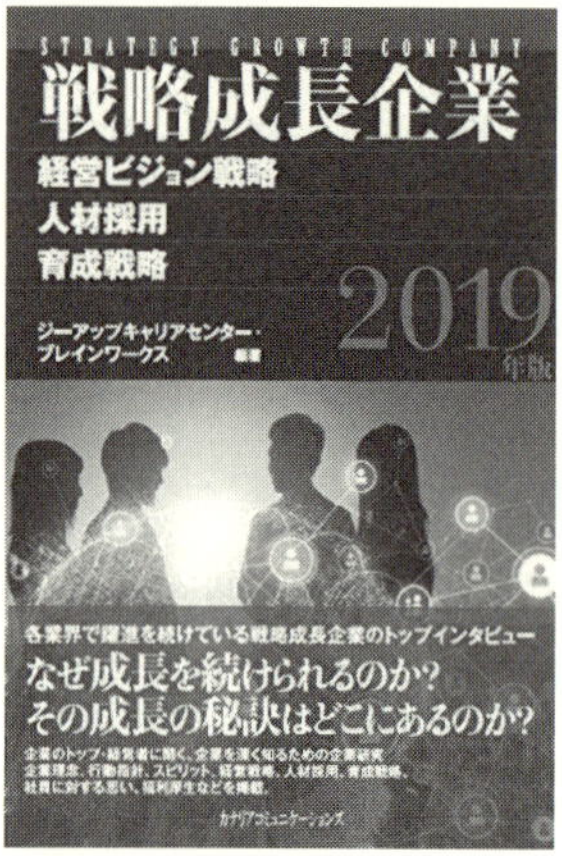

戦略成長企業

ジーアップキャリアセンター・
ブレインワークス　著

企業のトップから見る、見えてくる、企業の本当の『カタチ』。

企業のトップである経営者の志向から確かめられる、経営理念の由来や、人材の抜擢・活用方法、将来的な『戦略』、『成長』する理由ー

2018 年 10 月 2 日発刊
価格 1200 円（税別）
ISBN978-4-7782-0442-6

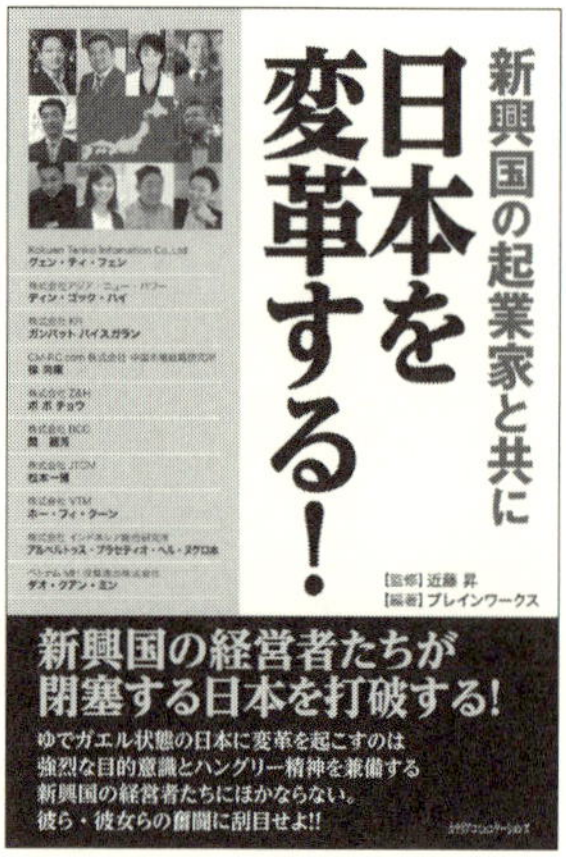

新興国の起業家と共に日本を変革する！

近藤　昇　監修
ブレインワークス　編著

新興国の経営者たちが閉塞する日本を打破する！

ゆでがえる状態の日本に変革を起こすのは強烈な目的意識とハングリー精神を兼備する新興国の経営者たちにほかならない。

彼ら・彼女らの奮闘に刮目せよ！！

2018 年 3 月 26 日発刊
価格　1400 円（税別）
ISBN-978-4-7782-0417-4

カナリアコミュニケーションズの書籍のご案内

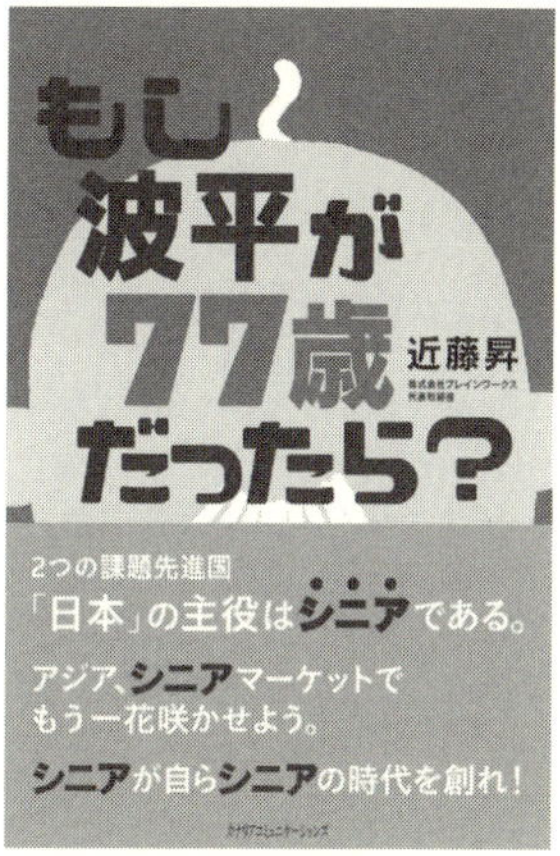

2016年1月15日発刊
価格　1400円（税別）
ISBN978-4-7782-0318-4

もし波平が77歳だったら？

近藤　昇　著

2つの課題先進国
「日本」の主役はシニアである。
アジア、シニアマーケットで
もう一花咲かせよう。
シニアが自らシニアの時代を創れ！

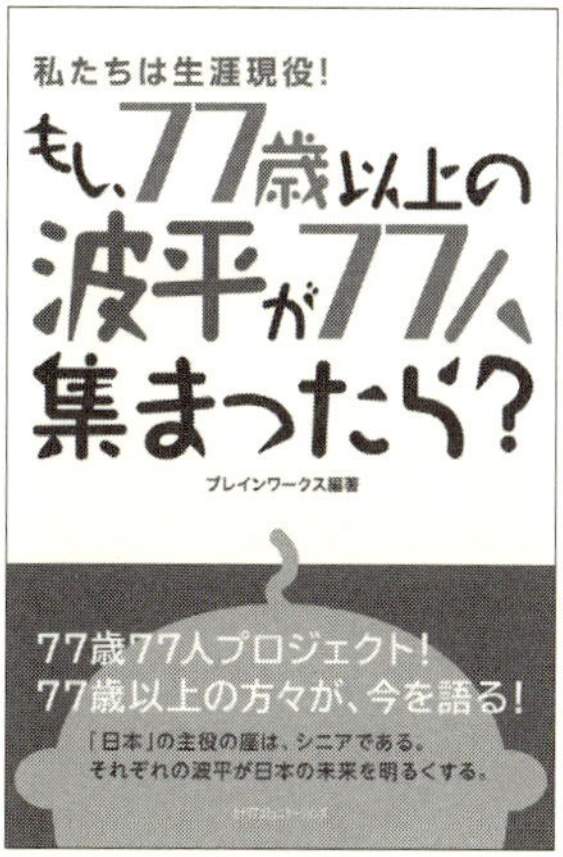

2017年2月20日発刊
価格　1300円（税別）
ISBN978-4-7782-0377-1

もし、77歳以上の波平が77人集まったら？

ブレインワークス　編著

現役で、事業、起業、ボランティア、ＮＰＯなど各業界で活躍されている77歳以上の現役シニアをご紹介！「日本」の主役の座は、シニアです！

77人のそれぞれの波平が日本の未来を明るくします。

シニアの活動から、日本の今と未来が見える！

カナリアコミュニケーションズの書籍のご案内

もし、フネさんが70人集まったら？

ブレインワークス　編著

激動の時代をくぐり抜け、戦後の日本を支えてきた70人のフネさんたち。
70通りの人生模様は、愛と涙と笑いのエネルギーが盛りだくさん！。
フネさんたちは、パワフルウーマン！
生涯現役で「感謝」の気持ちを胸に抱き、これからも元気をみんなに届けてくれる。

2018年2月10日発刊
価格　1300円（税別）
ISBN978-4-7782-0414-3

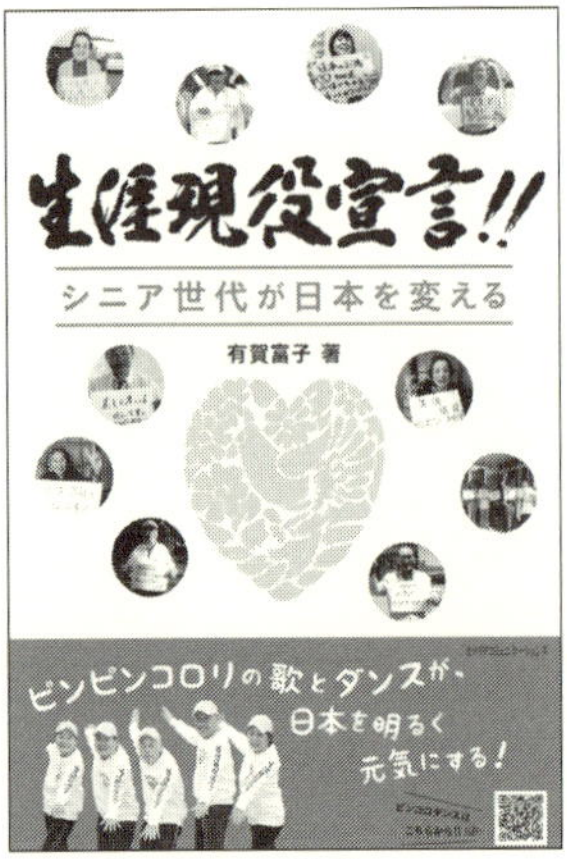

生涯現役宣言!!

有賀　富子　著

在宅の訪問介護の現場を見てきた著者が、死ぬに死ねない寝たきりのお年寄りたちの現状、少子高齢化で立ち行かなくなる年金・介護制度など、将来の日本を憂い、生涯現役人生を提唱。
全国のシニア世代に生涯現役宣言!!の歌とダンスでピンピンコロリの仲間づくりを訴えます。

2018年8月1日発刊
価格　1300円（税別）
ISBN978-4-7782-0439-6